ROLF LENGSTRAND / PIERRE L. ROLÉN

SPASS UND SPIEL
ZU PFERD

FORTSETZUNG
DER
BERÜHMTEN REITLEHRE

BERATUNG: ELLA VON WALTER / PETRUS KASTENMAN

Schneider-Buch

Inhalt

Rolf Lengstrand, Pierre L. Rolén © 1978
Published pursuant to agreement with B. Wahlströms Bokförlag AB, 11251 Stockholm.
Printed in Italy

Wanderreiten

Längere Ausflüge sollten nur von erfahrenen Reitern unternommen werden. Und man sollte nie allein ausreiten.

Ein Wanderritt muß gründlich geplant sein. Beschaffe dir eine Karte, auf der auch alle kleinen Wege zu erkennen sind, und trage die Reiseroute ein.

Für dich selbst brauchst du: Kleider zum Wechseln. Wichtig sind ein Paar bequeme Reithosen! Weiter ein Paar Gummireitstiefel und einen langen Regenmantel, möglichst mit Kapuze. Nicht zu vergessen: eine warme Jacke! Wenn du eine Übernachtung im Freien einplanst, mußt du einen leichten Schlafsack und ein Zelt mitnehmen. Schließlich — last not least — die Reitkappe.

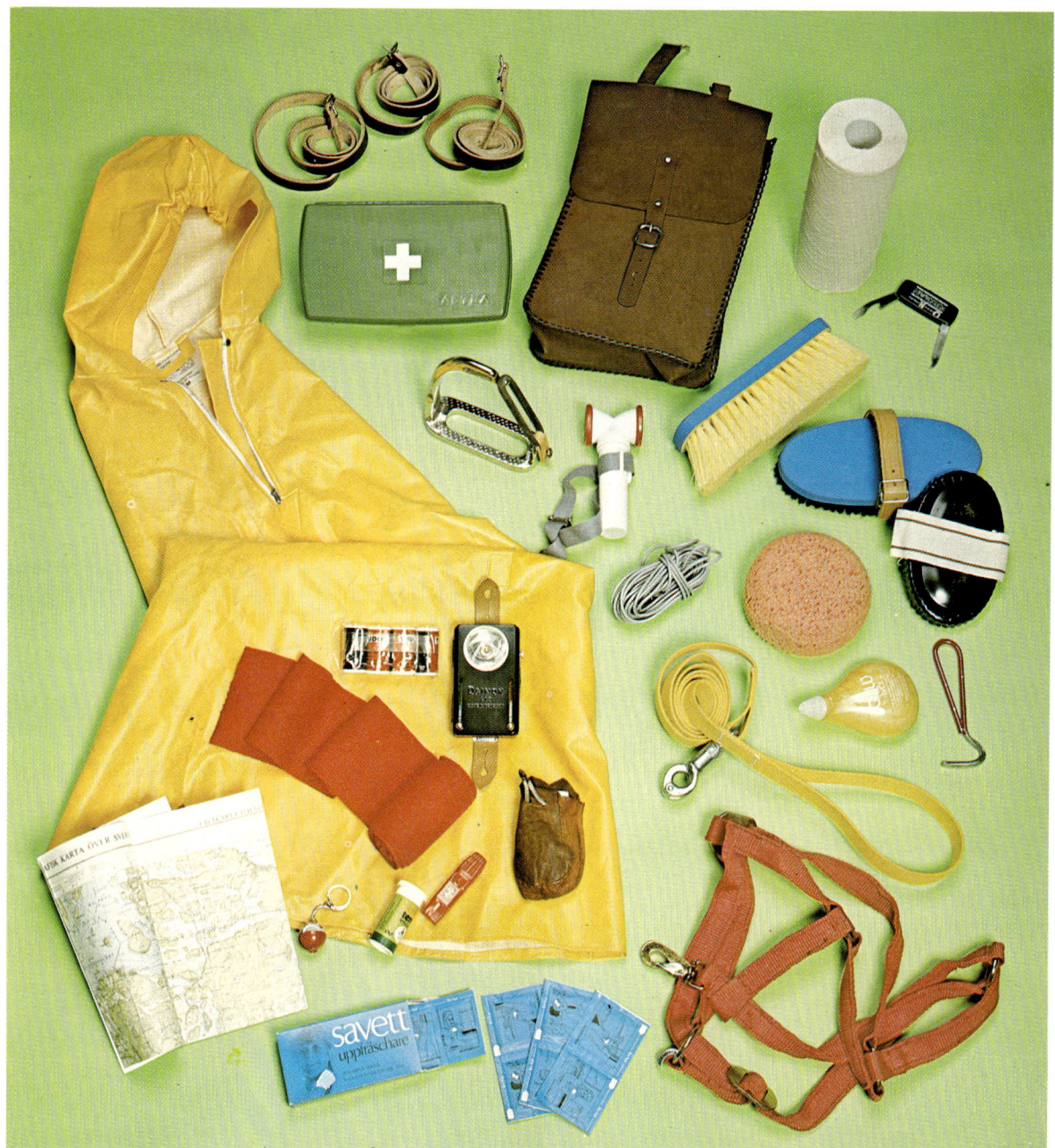

Für dein Pferd brauchst du: Striegel, Wurzelbürste und Kardätsche, Hufkratzer, Schwamm, Halfter und Halfterriemen. Laß das Pferd immer angehalftert. Seife, Toilettenpapier und Verbandkasten sind wichtig für Pferd und Reiter. Unbedingt nötig: Taschenlampe und Reflektoren. Eine dicke Schnur und ein Taschenmesser tun gute Dienste, wenn etwas zu reparieren ist. Und vergiß nicht, Geld mitzunehmen! Am besten bewahrst du es in einer Tasche mit Reißverschluß auf.

Eine Taschenlampe, die auf der Brust des Reiters befestigt werden kann. Vermeide nach Möglichkeit, in der Dunkelheit zu reiten. Plane deinen Wanderritt so, daß du nicht in die Nacht kommst.

Eine Orientierungslampe ist sehr praktisch, wenn man sich im Dunkeln den Weg suchen muß.

Eine Küche in Kleinformat. Auf dem nächsten Bild siehst du den Inhalt der Packung. Das Feuer wird mit Trockenspiritus angezündet.

Es kann nicht schaden, wenn man die Möglichkeit hat, sich selbst etwas zu essen zu machen. Trockenproviant wiegt nicht viel und ist praktisch zuzubereiten.

Sorge rechtzeitig dafür, daß du an deinem geplanten Nachtquartier Futter für die Pferde vorfindest. Dies gilt sowohl für Heu als auch für Kraftfutter. Unabhängig davon solltest du eine weitere Portion Kraftfutter für die Tour einpacken. Die Pferde brauchen mehrmals am Tage frisches Wasser. Laß sie nie aus Gräben oder Teichen trinken. Auch sollten sie nicht am Wegesrand grasen. Das Gras an den Straßenrändern ist durch die Autoabgase verseucht!

Zu den Vorbereitungen für den Ausflug gehört auch eine Kontrolle des Sattelzeuges. Es muß in einwandfreiem Zustand, gut eingefettet und weich sein, damit keine Schürfwunden entstehen können.

Sehr wichtig ist es, daß das Pferd gut beschlagen ist. Die Satteldecke wird vorsichtig und ohne Falten aufgelegt. Dann kannst du den Sattel den ganzen Tag drauflassen. Löse den Sattelgurt während der Pausen, aber nimm den Sattel nicht ab. Reite in einem ruhigen Tempo, meistens im Schritt. Du kannst auch zwischendurch eine Trabstrecke einlegen. Mach öfters eine kleinere Pause. Denk daran, daß Pferde viel trinken müssen, besonders an heißen Tagen. Mach um die Mittagszeit eine längere Pause und laß dein Pferd grasen. Prüfe dann die Hufe, damit sich nicht Fremdkörper in den Strahlfurchen festsetzen können.

Denke daran, daß die Straßenverkehrsregeln auch für Roß und Reiter gelten. Ihr geltet als Fahrzeug und müßt wie dieses, auf der rechten Straßenseite gehen. Halte dich so weit rechts wie möglich und vermeide verkehrsreiche Straßen.

Nach Möglichkeit sollte man sein Nachtquartier dort aufschlagen, wo die Pferde im Stall stehen können. Solltet ihr im Freien übernachten müssen, dürft ihr nicht vergessen, die Erlaubnis des Grundeigentümers einzuholen.

Reite das letzte Stück zum Nachtquartier im Schritt. Nimm Sattel und Trense ab. Wasche das Pferd mit Schwamm und Wasser. Kühle ihm nach Bedarf die Beine mit kaltem Wasser. Untersuche das Pferd sorgfältig und versorge eventuell entstandene Wunden. Sieh nach, ob es auch keine Schürfwunden oder Satteldruck bekommen hat. Führe das Pferd trocken und bring es in die Box. Laß es sich satt trinken und gib ihm Futter. Kontrolliere und reinige das Sattelzeug. Dann erst kannst du anfangen, an dich selbst zu denken.

Die Morgentoilette beginnt mit Tränken und Füt-
terung. Bürste den Mähnenkamm des Pferdes
sorgfältig. Vergiß die Stelle hinter den Ohren
nicht! Sattle das Tier mit Sorgfalt und prüfe, ob
das Gepäck richtig sitzt. Reite die erste halbe
Stunde im Schritt. Die Pferde sind sicher nach den
Anstrengungen des Vortages etwas steif.

Du hast sicher bemerkt, daß man vieles überlegen muß, bevor man einen längeren Ausritt mit seinem Pferd unternimmt. Es ist keine Sache für Anfänger, und du mußt dein Pferd gut kennen. Man kann nie alles mitnehmen, was man gebrauchen könnte. Plane deshalb deine „Reiseroute" so, daß du notfalls die Hilfe eines Tierarztes oder Hufschmiedes in Anspruch nehmen kannst.

10

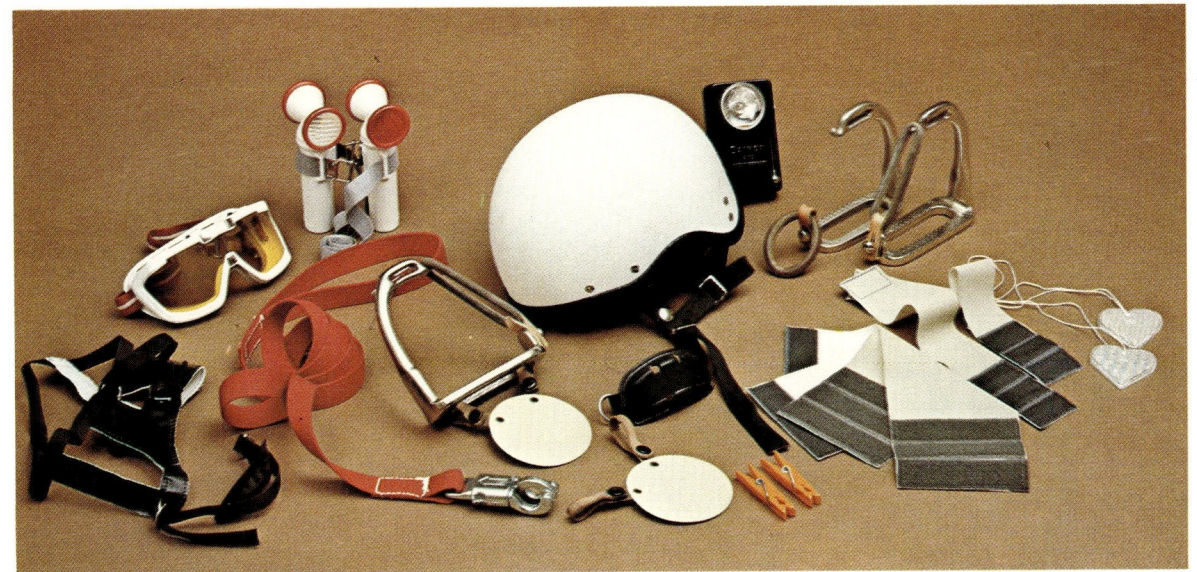

Diese Sachen brauchst du für deine Sicherheit.

2

Sicherheit

Auf Bild 2 ist zu sehen, wieviel von Pferd und Reiter bei Dämmerung, in einer Entfernung von 15 Meter, zu sehen ist. Schau es dir zweimal an und versetze dich in die Lage eines Autofahrers. Auf den Bildern 3 und 4 siehst du dieselben Pferde und Reiter, diesmal aber ausgestattet mit Lampen und Reflektoren — einmal von der Seite, einmal von hinten.

3

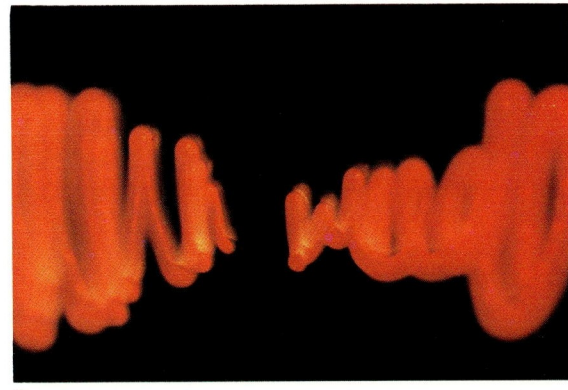

4

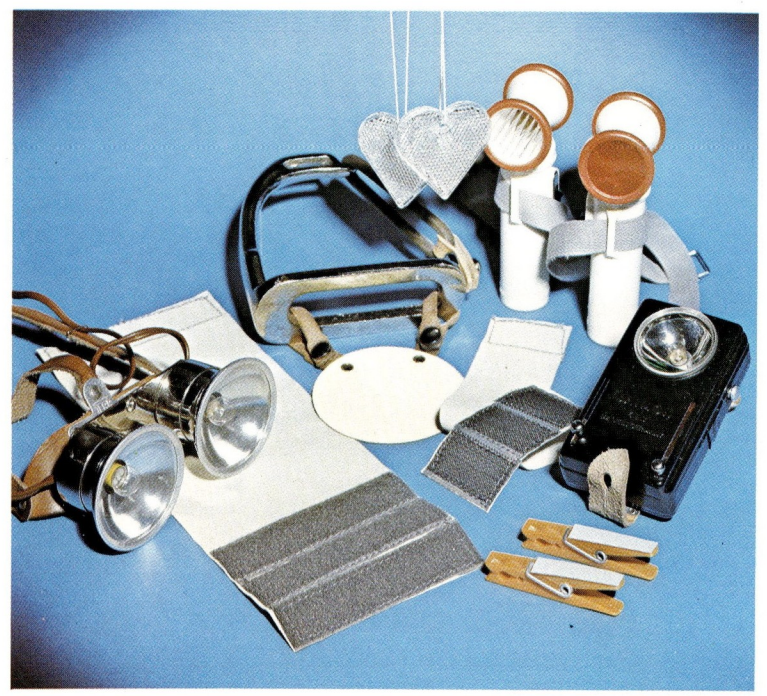

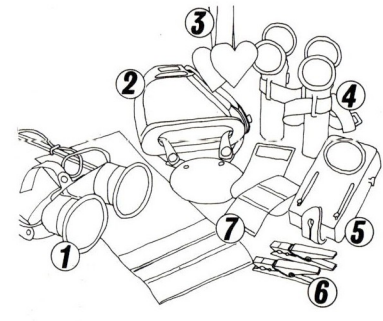

1. Stirnlampe
2. Sicherheitssteigbügel
3. Hängende Reflexscheiben
4. Reitlampen
5. Taschenlampe, die vorn an der Brust des Reiters befestigt wird
6. Wäscheklammern mit Reflexstreifen
7. Reflektoren, die am Bein des Pferdes befestigt werden

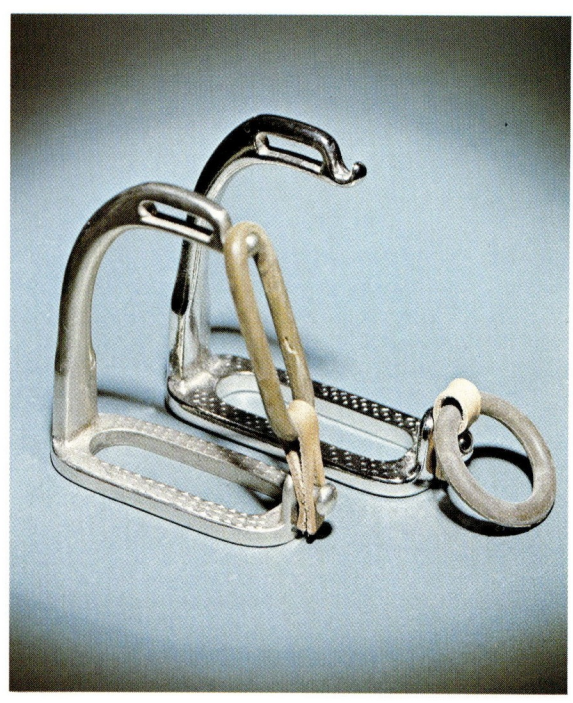

Sicherheitssteigbügel

Reitlampen

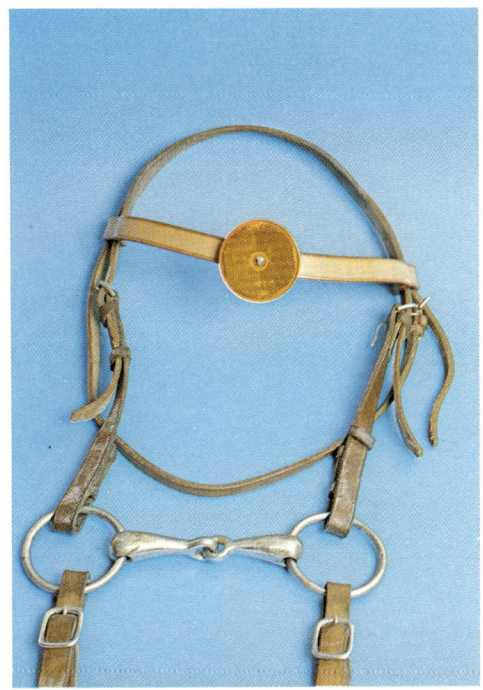

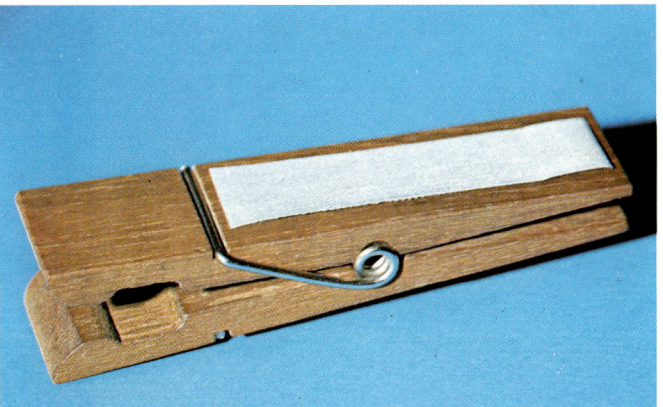

Wäscheklammern mit Reflexstreifen. Müssen gut sichtbar an der Kleidung des Reiters befestigt werden.

Rückstrahler auf dem Stirnband

Sicherheitssteigbügel

Auf der Außenseite des Steigbügels sitzt eine kleine Gummischlaufe, die sofort abspringt, wenn du vom Pferd fällst. So wird verhindert, daß du im Steigbügel hängenbleibst und mitgeschleift wirst. Der Steigbügelriemen muß leicht aus der Steiglederkrampe rutschen, wenn man am Steigleder zieht.

Rückstrahler und Leuchten

Bei Ausritten im Dunkeln sollte man immer mit Reflektoren für sich und das Pferd ausgestattet sein. Die Taschenlampe bindet man sich ums Bein. Sie leuchtet nach vorn rot, nach hinten gelb.

Die Reitkappe

ist die sicherste Kopfbedeckung. Sie ist aus doppeltem Fiberglas und hat innen eine dicke Schaumgummischicht als Stoßdämpfer. Außerdem hat sie ein festes Kinnband, der Helm kann nicht rutschen.

Hier sind Roß und Reiter gut sichtbar.

Vielseitigkeitsreiten

Die Vielseitigkeitsreiterei erlernt man nicht aus Büchern, sondern im Sattel. Die Große Vielseitigkeit (Military) erfordert mehr als bloßes Training. Der Weg zur schweren Klasse führt über viele Wettkämpfe in der leichten und mittelschweren Klasse.

Das Pferd muß durch Steigerung der Schwierigkeitsgrade sein Vertrauen zum Reiter, den Hindernissen und seinen eigenen Fähigkeiten aufbauen.

Ein Buch kann hier niemals eine vollständige Lehre, sondern nur eine Anleitung zur Vermeidung der schlimmsten Fehler sein.

Die wichtigste Eigenschaft eines Vielseitigkeitspferdes ist sein absolutes Vertrauen zum Reiter — und zwar in allen denkbaren Situationen. Bei der Geländeprüfung muß es an Mut und Kraft alle anderen Pferde übertreffen. Trotzdem soll es bei der Dressur Gehorsam und Anpassungsfähigkeit zeigen. Das Springen am letzten Wettkampftag bringt dann den endgültigen Beweis für echte Leistungsfähigkeit.

Die Franzosen nennen die Military „vollkommene Reiterprüfung". Dieser Name sagt besser als alle anderen Bezeichnungen aus, worum es hier geht — um eine Prüfung, die alles erfordert, was Pferd und Reiter zu leisten vermögen. Die Prüfung selbst ist in drei Teile aufgeteilt: Dressur, Gelände und Springen. Die Geländeprüfung besteht aus Wegestrecke, Rennbahn, Wegestrecke und Querfeldeinstrecke. Der Olympiasieger in der Military bei der Reiterolympiade in Stockholm 1956, Petrus Kastenman, gibt uns auf den folgenden Seiten Ratschläge.

Das Aufstellen des Pferdes. Ein korrektes Halten erfordert, daß das Pferd im Gleichgewicht gehalten wird, mit geradegestellten Beinen und senkrechter Kopfhaltung.

Dressurtraining

Die Dressur ist die Grundlage aller Ausbildung. Sie umfaßt nicht nur die einzelnen Dressuraufgaben, sondern geht „wie ein roter Faden" durch die ganze Arbeit mit dem Pferd. Das Ziel der Dressur ist es, das Pferd „rittig" zu machen.

Reite niemals „wild" umher. Bevor du mit dem Reiten anfängst, mußt du dir darüber im klaren sein, was du von deinem Pferd verlangen willst. An einem Tage übst du vielleicht Anhalten, Rückwärtsrichten und Galopp, an einem anderen Seitwärtsgänge und Tempowechsel. Mit anderen Worten: Trainiere immer bewußt!

Das Pferd geht auf Kandare mit einem für die Dressur geeigneten Sattel auf einer dünnen Satteluntterlage. Es geht darum, das Pferd für Hilfen so durchlässig wie möglich zu machen.

Beim versammelten Trab muß das Pferd sich leb-
haft und ausgeglichen bewegen, dabei soll es im
Genick, Hals und Rücken nachgeben.

Der Reiter soll die Kopfhaltung des Pferdes immer mit weicher, aber fester Hand kontrollieren.

Bild 1: Der Galopp ist die wichtigste Gangart der
Military. Man muß mit dem Pferd erarbeiten,
daß es ausgeglichen, folgsam, taktrein und raumgreifend geht. Das Pferd muß gezielt im Galopp
trainiert werden, sonst hält es den großen Anfor-
derungen, die an ein Military-Pferd immer gestellt werden, nicht stand.
Bild 2: In schwereren Prüfungen werden die Tra-
versalen verlangt. Das Pferd tritt vorwärts seitwärts mit leichter Rippenbiegung. Hier auf dem
Foto mit Biegung nach links. Die Aufgabe des
inneren Schenkels besteht darin, das Pferd auf
der Innenseite zu biegen.
Bild 3: Eine etwas leichtere Seitwärtsbewegung ist
das Schenkelweichen. Das Pferd ist in sich gerade-
gestellt, mit aufrechter Kopfhaltung. Unsichtbare
Hilfen lassen das Pferd seitwärts treten. Sicht-
bare Hilfen sind Gewichtshilfen und treibende
Hilfen.

l

Die Hände des Reiters bleiben in einer weichen Verbindung mit dem Pferdemaul.

2

3

Konditionstraining

Das Konditionstraining des Pferdes erfordert Erfahrung, Urteilsfähigkeit und Vorsicht. Es ist besser, mit einem nicht austrainierten Pferd beim Wettkampf zu erscheinen, als ein übertrainiertes Pferd zu Hause im Stall stehen zu haben. Das Ziel des Konditionstrainings ist es, die Muskulatur und Kraft des Pferdes aufzubauen, sowie sein Vermögen, Sauerstoff aufzunehmen, zu steigern. Wenn man mit dem Pferd zielbewußt und in der richtigen Form arbeitet, stärkt man auf lange Sicht seine gesamte Muskulatur.

Vergiß nicht, daß Dressur und Springen ebenfalls eine Form des Konditionstrainings sind.

18

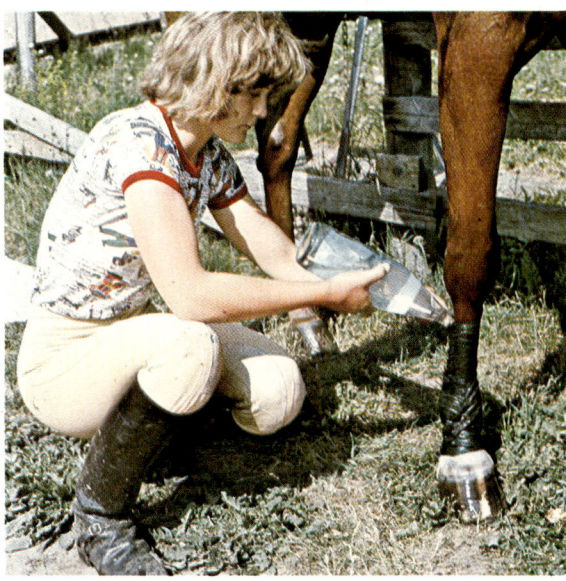

Wenn das Pferd nach dem Reiten verschwitzt ist, mußt du es mit einem Schwamm und lauwarmem Wasser abwaschen. Führe das Pferd, bis es trocken ist. Am besten legst du ihm dabei eine Decke über. Oder du trocknest das Pferd mit Stroh ab.

Die Beine des Pferdes sind sehr empfindlich und müssen nach jedem Ritt kontrolliert werden. Nach einem anstrengenden Training sollte man die Beine des Pferdes mit kaltem Wasser kühlen.

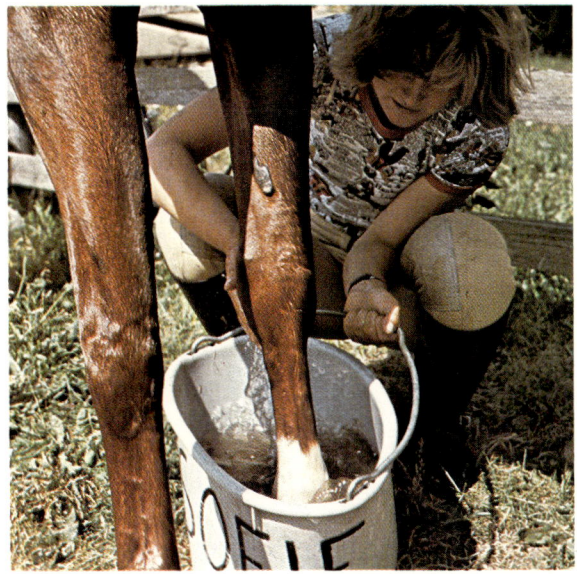

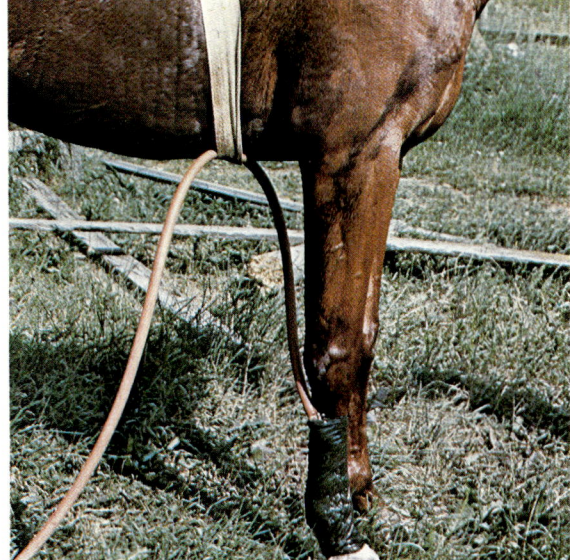

Man kann eine Flasche zu Hilfe nehmen, oder die Beine in einen Eimer mit Wasser stellen.

Den größten Erfolg erzielt man mit fließendem kalten Wasser. Aber bitte nur die Beine!

19

Sowohl beim Aufwärts- als auch beim Abwärtsklettern soll der Reiter leicht vornübergebeugt im Sattel sitzen, um den Rücken des Pferdes zu entlasten.

Die Hinterhand des Pferdes arbeitet wie ein Motor, wenn es bergauf geht. Bergab bremst es mit allen vier Beinen.

Eine vorsichtige Aufbauarbeit mit dem Pferd verringert die Gefahr eines Schadens oder einer Überanstrengung.

Klettern ist für das Pferd eine sehr wichtige Art des Trainings. Es gibt Kraft und Balance.

Fang immer mit kleinen Hügeln und kurzen Strecken an. Beuge deinen Oberkörper etwas nach vorn. Laß dem Pferd größere Zügelfreiheit.

Der Reiter muß eine ständige Verbindung mit dem Pferdemaul behalten. Seine Hände sollten auf dem Hals des Pferdes ruhen. Denke daran, daß das Pferd sein Gleichgewicht mit dem Hals hält!

Steilere Berge verlangen vom Reiter vermehrtes Nachgeben. Sitze nicht tief im Sattel, sonst behinderst du das Pferd beim Beugen der Hinterhand.

Stehe senkrecht im Steigbügel, den Absatz tief! Schultern, Knie und Zehen müssen eine senkrechte Linie bilden.

Galopparbeit

Hier ein Vorschlag für die Trainingsarbeit vor dem ersten Wettbewerb: Die Prüfung findet am 1. Mai statt und besteht aus einem 3000 Meter langen Geländeritt.

31. März:	3 x 1500 m	350 m/Min.
4. April:	3 x 1500 m	400 m/Min.
8. April:	2000 m	350 m/Min.
12. April:	3 x 2000 m	400 m/Min.
16. April:	3 x 3000 m	350 m/Min.
20. April:	3 x 3000 m	400 m/Min.
24. April:	3000 m	550 m/Min.

Auf diese Weise steigert man allmählich die Streckenlängen und Geschwindigkeiten, um die Kondition des Pferdes aufzubauen. Dieses Training und der Wettkampf selber können ein Teil der Aufbauarbeit für eine Vielseitigkeits-Prüfung sein. **Vorsicht! Schnelle Arbeit über 500 m/Minute zehrt stark an den Kräften des Pferdes, ist aber notwendig!**

Wenn man die Galoppmuskulatur des Pferdes trainieren will, fängt man mit kurzen Galoppeinlagen in einem ruhigen Tempo an.

Wenn die Kondition des Pferdes sich merklich gesteigert hat, kann man anfangen, Längen und Tempo der Galopparbeit zu forcieren.

Das Pferd muß willig und raumgreifend gehen. Merkt der Reiter, daß das Pferd unwillig ist und sich wehrt, muß er in einem ruhigeren Tempo von vorne anfangen.

Springtraining

Im Gelände ist alles natürlich für das Pferd. Ein Baumstamm liegt quer über dem Weg — das Pferd richtet die Ohren auf und setzt zum Sprung an. Allerdings ist es wichtig, ihm schon in jungen Jahren die Technik des Springens beizubringen.

Reite das Hindernis gerade an. Der Blick des Reiters ist in der Bewegungsrichtung nach vorn gerichtet.

Wenn das Pferd den Hals streckt, folgen die Hände des Reiters der Bewegung nach vorn abwärts, um Kontakt mit dem Pferdemaul zu halten.

Man muß das Pferd rechtzeitig an Gräben jeglicher Art gewöhnen. Beim erstenmal wäre es günstig, sich einem erfahrenen Leitpferd anzuschließen.

Die Gräben, über die du zum erstenmal springst, sollten feste Kanten haben. Wenn das Pferd keinen festen Absprung bekommt und ausrutscht, wird es sehr schwer werden, ihm den Sprung über einen Graben beizubringen. Beim erstenmal läßt man das Pferd am besten den Kopf senken und den Graben gründlich beschnuppern, damit es sieht, daß er nicht gefährlich ist. Wenn du im Zügel nachgibst und es antreibst, mußt du dich darauf gefaßt machen, daß es im nächsten Augenblick mit einem Riesensprung übersetzt. Dann darfst du auf keinen Fall den Zügel ängstlich stark annehmen. Lobe das Pferd! Das Springen soll Spaß machen. Auch dem Pferd.

Tritt tief in die Steigbügel. Sitz nicht schwer im Sattel, sonst störst du das Pferd.

Hier hat der Kopf des Pferdes volle Bewegungsfreiheit. Die Hand des Reiters folgt den Bewegungen des Pferdekopfes.

Die Grundausbildung des jungen Pferdes im Springen soll im Trab und an niedrigen, leichten Hindernissen erfolgen. Laß dem Pferd reichlich Zeit, sich an die verschiedenen Arten von Hindernissen zu gewöhnen.

Der Reiter muß ruhig sitzen und „die Luft anhalten". Das Pferd braucht all seine Konzentration, um das Hindernis zu erfassen und zu überspringen. Es darf nicht durch einen nervösen Reiter gestört werden.

Je nach Können des Pferdes wird das Tempo gesteigert, die Hindernisse werden höher und breiter, bis das Pferd in der Lage ist, Wettkampfhindernisse im Galopp zu nehmen.

Trainiere das Pferd zielbewußt. Übe mit dem Pferd an verschiedenen Arten von Hindernissen. An einem Tag trainierst du vielleicht nur Sprünge über den Weg oder Oxer, am nächsten Tag über Gatter oder andere Steilsprünge — wenn nötig mit Hilfshindernissen. Klappt es nicht, dann denke erst einmal nach! Suche immer erst den Fehler bei dir selbst. Dann erst kannst du die Übung wiederholen.

Reite immer geradeaus vorwärts — vor, über und nach dem Hindernis!

Beginne das Training mit der kleinsten Höhe. Du mußt das Vertrauen des Pferdes aufbauen. Ein unvernünftiger Reiter kann in einem Augenblick die Arbeit vieler Jahre zunichte machen.

Beuge beim Sprung den Oberkörper nicht zu weit nach vorn. Du machst es dem Pferd nur schwer, das Gleichgewicht zu halten!

26

Tritt in die Steigbügel und schau im Sprung nach vorn. Die Verbindung zum Pferdemaul muß sehr leicht sein, aber der Zügel darf nicht durchhängen.

Forciere das Tempo nach der Landung, in erster Linie mit den Schenkeln. Zwischen den Hindernissen kannst du Zeit gewinnen. Geh die Hindernisse nicht zu schnell an.

Bei der Landung mußt du darauf achten, daß du deinen Oberkörper etwas aufrichtest, ohne daß das Gesäß auf den Sattel kommt. Laß dem Kopf und dem Hals des Pferdes vollkommene Freiheit.

ACHTUNG! Reite niemals allein über Hindernisse im Wald! Ein Begleiter kann dich zwar nicht vor deinen Fehlern bewahren, aber er kann dir helfen, wenn etwas passiert.

Das Querfeldeintraining geschieht in einem ruhigen Trab, wobei der Reiter teils reitet, teils neben dem Pferd herläuft. Es ist wichtig, daß das Pferd lernt, neben dem Reiter ruhig zu laufen. Es soll so großes Vertrauen in ihn haben, daß es sich durch nichts stören läßt. Bei Wettkämpfen werden die Kräfte des Pferdes geschont, wenn der Reiter ein Stück neben dem Pferd herläuft.

Vorsicht! Spritze niemals ein erhitztes und verschwitztes Pferd mit eiskaltem Wasser ab! Es ist für das Pferd nicht nur unangenehm, sondern auch gefährlich! Das Herz wird zu sehr belastet, und das Pferd wird sich wehren. Das Wasser muß gut warm sein. Oder du reibst das Pferd mit Stroh trocken.

29

Parcoursspringen

Ein Pferd, das gewöhnt ist, über feste Naturhindernisse im Gelände zu springen, kann zurückschrecken, wenn es plötzlich über farbige Parcourshindernisse springen soll.

Beginne das Training immer im Trab über niedrige Hindernisse, zum Beispiel Stangen auf dem Boden oder Cavaletti. Das Ziel dieses Trainings ist: Gehorsam, raumgreifendes Treten und Technik.

Bring dem Pferd bei, gerade kleine, kniehohe Hindernisse anzureiten. Danach muß das Pferd lernen, den richtigen Punkt zum Absprung zu finden. Es geht leichter, wenn man ein Hilfshindernis benutzt, zum Beispiel eine Stange etwa 6 bis 7 Meter vor dem eigentlichen Hindernis. Beginne das Training im Trab, gehe zum Galopp über und springe dann auch Hindernisse in Wettkampfhöhe.

Raumgreifendes Schreiten: Das Pferd streckt den Hals nach vorn und verlängert die Schritte zwischen den Stangen.

Technik: Das Pferd senkt und streckt den Hals. Es arbeitet konzentriert und stößt sich kraftvoll mit der Hinterhand ab.

Gehorsam: Tritt in die Steigbügel. Halte das Pferd fest zwischen den Schenkeln. Wenn das Pferd zögert, mußt du es antreiben.

Das Pferd hat nun gelernt, gerade und ohne zu zögern das Hindernis anzureiten. Nun kannst du anfangen, schwerere Hindernisse aufzubauen. Benutze ruhig, wie hier auf dem Bild, ein Hilfshindernis vor dem eigentlichen Hindernis.

Wenn das Pferd sich auf das Hilfshindernis konzentriert, streckt es den Hals, und die Hände des Reiters gehen mit nach vorn. Der Reiter treibt das Pferd mit den Schenkeln voran.

Treibe das Pferd und richte dabei gleichzeitig deinen Oberkörper auf. Das Pferd zeigt durch gespitzte Ohren und ruhigen Blick an, daß es aufmerksam ist.

Hier siehst du einen Sprung in perfekter Haltung.

Bereits beim Absprung zum Hilfshindernis muß der Reiter seine Aufmerksamkeit auf das eigentliche Hindernis richten.

Lehne deinen Oberkörper beim Sprung über das Hilfshindernis nicht zu weit nach vorn. Das Pferd muß sich schon bei der Landung auf den nächsten Sprung konzentrieren.

Hier siehst du das Pferd mit freiem Hals und gut angezogener Hinterhand.

Der Blick des Reiters ist bereits auf das nächste Hindernis gerichtet.

Transport zum Turnier

Vorbereitungen

Paß gut auf dein Pferd auf. Bereite den Transport und das Verladen gründlich vor. Sorge dafür, daß das Pferd gut „verpackt" ist, damit es keine Transportschäden bekommt.

VORSICHT! Laß niemals Stollen in den Hufeisen eines Pferdes während des Transportes.
Führe das Pferd bis an die Verladerampe heran und laß es daran schnuppern. Geh dann einen Schritt vor dem Pferd gerade auf die Rampe hinauf. Zögere nicht und dreh dich nicht um. Ein anständig vorbereiteter Transport und eine ruhige Fahrt ersparen dem Pferd schlechtes Befinden während der Reise.

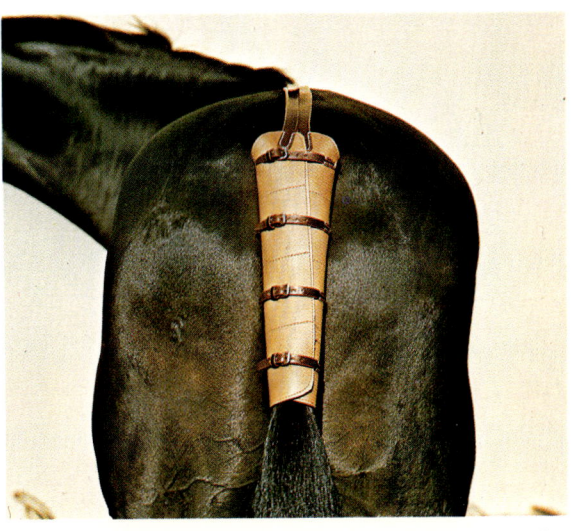

Die Beine des Pferdes werden durch gut gewikkelte Bandagen oder Transportgamaschen geschützt. Die Decke mit dem Gurt dient eigentlich nur als Schutz gegen den Staub.

Die Schweifgamasche schützt den oberen Teil des Schweifes gegen Stöße und wird am Gurt befestigt.

VORSICHT!

Meide Autoschlangen!
Stell den Motor
bei längeren Stops ab.
Denk an die
Vergiftungsgefahr!

Der Turniertag ist gekommen. Er wird lang und anstrengend werden, also spare Kräfte. Laß das Pferd an der Longe gehen. Das ist gut zum Lösen vor der tierärztlichen Kontrolle und der Prüfung.

Der innere Ausbindezügel muß kürzer sein als der äußere. Die Longe muß immer gespannt sein. Führe das Pferd mit der Longierpeitsche.

Wenn das Pferd entspannt und in der richtigen Haltung geht, kannst du mit dem Lösen aufhören. Ermüde das Pferd nicht.

Ein Pferdemädchen braucht auch eine gute Friseuse, wenn es vor einer großen Aufgabe steht!

Turnier

Ein Vielseitigkeitsturnier dauert gewöhnlich drei Tage und hat folgendes Programm:

1. Tag	1.	Tierärztliche Untersuchung
	2.	Besichtigung der Geländestrecke
	3.	Anmeldung zum Start
	4.	Dressurprüfung
2. Tag	5.	Vielseitigkeitsprüfung
	A	Wegestrecke I
	B	Rennbahn (steeple chase)
	C	Wegestrecke II
		10 Minuten Pause für die tierärztliche Untersuchung
	D	Querfeldeinstrecke
3. Tag	6.	Springprüfung

Bei der Vielseitigkeit gibt es drei **tierärztliche Untersuchungen**: vor der Dressur, vor der Querfeldeinstrecke und vor der Springprüfung.

Zu den Untersuchungen kommt man mit einem abgerittenen Pferd, ohne Sattel, Decke, Bandagen oder Gamaschen. Jedoch mit Trense und einem ordentlich gekleideten Reiter!
Das Pferd sollte gut gestriegelt vorgestellt werden.

So stellt man das Pferd im Schritt vor.

So stellt man das Pferd im Trab vor. Versuche im Takt nebenherzulaufen.

Dressurprüfung

Ein guter erster Eindruck bietet die beste Möglichkeit, Punkte zu sammeln. Wir versichern uns, daß beim Einreiten ins Dressurviereck unser Kopf aufrecht und der Rücken gerade ist.

Wir halten gerade, das Pferd ruht auf allen vier Beinen gleichmäßig in geschlossener Aufstellung. Wir nehmen die Zügel in die linke Hand und grüßen.

Auf dem Viereck herrscht die Stille der Konzentration. Dressur in Perfektion gibt den Eindruck von Eleganz, Harmonie und Leichtigkeit.

Geländeprüfung

Die Vielseitigkeitsprüfung der leichten Klasse besteht lediglich aus der Wegestrecke und Querfeldeinstrecke. In der schweren Klasse werden alle vier Phasen verlangt.

Die Wegestrecke. Der erste Teil der Vielseitigkeitsprüfung, die Phase A, die Wegestrecke, wird in einer Geschwindigkeit von 240 Meter pro Minute geritten. Die Länge der Strecke richtet sich nach dem Schwierigkeitsgrad (etwa 6000 Meter).

Rennbahn (steeple chase). Die Jagdrennbahn hat vier Sprünge pro Kilometer. Die Höhe der Hindernisse sowie die Länge der Strecke richtet sich nach dem Schwierigkeitsgrad. Die Geschwindig-

keit liegt zwischen 640 und 690 Meter pro Minute. (Dies gilt nicht für Ponys.) Braucht man mehr Zeit, als die für die Bahn vorgeschriebene, bekommt man Strafpunkte.

Phase C, die zweite Wegestrecke, verläuft ebenso wie Phase A. Startsignal! Tritt fest in die Steigbügel, richte den Oberkörper auf, richte das Pferd geradeaus, treibe es vorwärts!

Zu den wichtigsten Vorbereitungen für die Geländeprüfung gehört, daß man die Strecke selbst mehrmals zu Fuß abgeht. Präge dir die Strecke gut ein, entscheide, welchen Weg du nehmen willst, kontrolliere den Boden vor und hinter den Hindernissen. Suche alternative Linien, falls das Pferd verweigert.

Die Hindernisse kommen dir riesig vor und die Landungen tief. Aber, tröste dich, je öfter du sie anschaust, desto „passabler" erscheinen sie dir!

Wenn du die Strecke abgehst, darfst du nicht vor scheinbar unbegehbaren Wegen zurückschrecken.

Alles muß genau untersucht werden. Lieber nasse Füße bekommen, als nachher ganz hineinfallen!

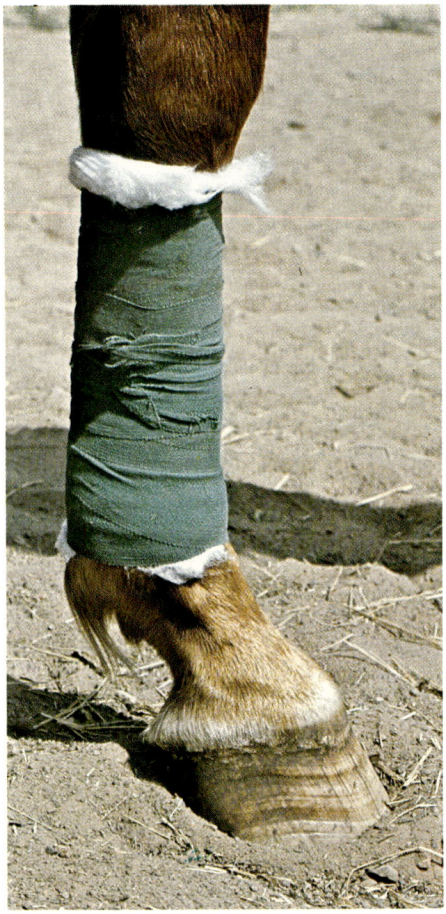

Vorbereitungen
für den Geländeritt

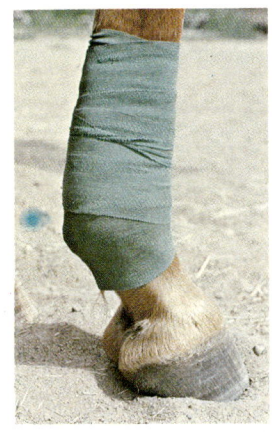

Beim Geländeritt sollte man wenigstens die Unterarme des Pferdes mit Bandagen oder Gamaschen schützen. Wenn man elastische Binden verwendet, muß man Watte oder einen weichen Lappen unterlegen.
Elastische Binden nicht zu fest, aber auch nicht zu locker binden. Kontrollieren!

41

Geländeritt

Der Geländeritt ist die schwerste und anstrengendste Aufgabe der Vielseitigkeitsprüfung. Er erfordert von Pferd und Reiter große Kraft und viel Geschicklichkeit. Setze die Kräfte deines Pferdes mit Bedacht ein. Nimm ihm nicht schon auf den ersten Kilometern die Puste. Man muß mit Verstand reiten können, wenn man diesen Wettkampf durchhalten will.

Da die Beine des Pferdes beim Geländeritt besonders strapaziert werden und die Gefahr einer Verletzung besonders groß ist, sollte man die Vorderhand durch Bandagen oder Gamaschen schützen.

Der Reiter soll das Pferd mit kräftigem Schenkeldruck vorwärts treiben. Dabei sollte er möglichst nicht zu schwer im Sattel sitzen. Wenn das Pferd nicht genug vorwärts geht, setzt sich der Reiter in den Sattel zurück und treibt mit dem Kreuz an. Gehe beim Sprung nicht zu stark mit dem Oberkörper mit — vor allem nicht bei der Landung! Beim Absprung muß der Reiter, wie auf dem Foto auf Seite 42, im Zügel mehr nachgeben, sein Gewicht nach vorn verlagern und in die Steigbügel treten, den Oberkörper aufrichten — mit anderen Worten: „gegenreiten".

Das A und O ist das Mitgehen des Reiters beim Sprung.

Eine sehr saubere Landung.

Nach der Landung ist es wichtig, das Pferd zu treiben. Wettkämpfe werden zwischen den Hindernissen gewonnen.

Diese Art von Hindernis ist bei einem Gelände-ritt nichts Ungewöhnliches. Ein liegender Baum-stamm, etwa ein Meter hoch, einige Galopp-sprünge, dann ein Sprung zwei Meter hinab in einen Wassergraben von einem halben Meter Wassertiefe. Fünfzehn Meter weiter dann der Grabensprung — etwa einen Meter nach oben. Dieser letzte Sprung sieht schwieriger aus als er ist.

Gelegentlich kann man Reiter beobachten, die während des gesamten Sprunges die Zügel ganz hingeben und sich nach vorn lehnen. Dies ist lebensgefährlich!

Das Pferd geht elegant, mit aufgestellten Ohren und wachem Blick über das Hindernis. Der Reiter hält das Gleichgewicht ausgezeichnet.

Der Reiter muß bei der Landung „gegenreiten". Wenn er das nicht tut, kann das Pferd die Balance verlieren und stürzen.

So muß eine Landung aussehen. Aufrechter Oberkörper, Gewicht nach vorn in den Steigbügeln — und das Gleichgewicht wird perfekt gehalten.

45

Das letzte Hindernis und das Ziel bei der Vielseitigkeitsprüfung. Gleichgültig, wie du abgeschnitten

hast — in jedem Falle hat dein Pferd bei dieser Prüfung Vertrauen, Kühnheit und Klugheit gezeigt. Nach dem Rennen führst du dein Pferd ruhig zum Stall zurück und läßt es verschnaufen. Trockne es ab und lege ihm eine Decke über. Kühle die Beine und bandagiere sie. Paß auf, daß das Pferd sich nicht verkrampft und nachschwitzt.

Springprüfung

Die Geländeprüfung vom Vortag kann dazu führen, daß das Pferd jetzt etwas steif ist. Vor der tierärztlichen Untersuchung mußt du das Pferd lösen, beispielsweise durch Laufen an der Longe. Sehr gut sind auch weite Sprünge. Alle Muskeln des Pferdes müssen gelockert werden. Gehe lieber über mehrere niedrige Oxer, als über wenige hohe Steilsprünge.

Ein gut trainiertes Military-Pferd hat oft bis zum letzten Wettkampftag einen großen Überschuß an Kraft und Energie. Dann zeigt es sich bei der Springprüfung ungebärdig und schlampiger in der Beinarbeit als sonst. Man sollte sich daher viel Zeit für das Abreiten vor der Springprüfung lassen.

Der Blick muß immer schon auf das nächste Hindernis gerichtet sein. Der Reiter darf sich niemals umdrehen, um zu sehen, ob der Sprung geglückt ist. Das Parcoursspringen am dritten Turniertag kann für deine Plazierung ausschlaggebend sein.

Jagdreiterei

Die Ursprünge der Jagdreiterei liegen in der Zeit, als man das Wild zu Pferde und mit Hundemeuten jagte und hetzte. Heute werden nur noch Schleppjagden veranstaltet. Dies geschieht im Herbst. Der feierliche Abschluß ist die Hubertusjagd am 3. November.

Wichtig ist, daß Pferd und Reiter in guter Form sind und daß der Reiter sein Pferd voll beherrscht.

Schon zum Ende der „Grünen Saison" hin sollte man die Vorbereitungen für die Jagdsaison mit Trab- und verstärktem Galopptraining in ruhigem Tempo beginnen. Nach einem anstrengenden Trainingsprogramm sollte man einige Zeit im Schritt und mit langem Zügel reiten. Gewöhne das Pferd daran, über verschiedene Naturhindernisse zu gehen.

Das Jagdhorn ertönt, und das Feld setzt sich in Bewegung!

49

Jagd

Bevor die Jagd beginnt, mußt du dein Pferd im Schritt und Trab abreiten. Dann ruft der Master die Teilnehmer der Jagd zum Stelldichein (Rendezvous) und erklärt ihnen die Strecke. Dann ertönt das Horn, und das Feld setzt sich in Bewegung. Das Jagdfeld wird vom Master, assistiert von seinen beiden Pikören, angeführt. Die Jagdreiter bleiben bis zum Halali hinter dem Master und zwischen den beiden Pikören. Anfänger sollten sich am besten im hinteren Teil des Feldes halten. Der letzte Teil der Strecke wird gewöhnlich auf eine ziemlich ausgedehnte, ebene Wiese verlegt. Das Ziel wird durch einen Fuchs-

schwanz markiert, der an einer Stange festgebunden ist. Man kann auch einem Reiter die Aufgabe übertragen, den Fuchs zu spielen. Er trägt den Fuchsschwanz über der Schulter und erwartet das Feld am Anfang des Halaliplatzes. Dort läßt der Master das Feld losjagen. Sieger ist, wem es gelingt, den Fuchsschwanz zu ergreifen. Alle Teilnehmer der Jagd erhalten einen Eichen- oder Tannenzweig, wenn sie ans Halali kommen.

Nach Beendigung der Jagd sitzt du ab und lockerst den Sattelgurt. Es kann auch nicht schaden, wenn du dem Pferd eine Decke überlegst. Führe das Pferd im Schritt, bis es wieder ruhig atmet.

Zu Hause im Stall wird das Pferd dann gewaschen und genau kontrolliert. Gib ihm Heu und Wasser. Ein guter Rat: Stelle fest, ob sich auch kein Hufeisen gelockert hat. Wegen der Rutschgefahr auf Matschstrecken empfiehlt sich die Verwendung von Stollen.

Stalltips

Verkürzung des Zügels

So kannst du den Zügel mit einem Knoten verkürzen, der nicht von selbst aufgeht.

Bild 1: Mach zuerst eine Schlinge im Zügel an der Stelle, wo du ihn verkürzen möchteşt.

Bild 2: Ziehe das übriggebliebene Stück durch die Schlinge und ziehe fest zu.

Bild 3: So sieht der Knoten aus, wenn er fertig ist. Er ist absolut zuverlässig und wird meistens von Reitlehrern und Trainern benutzt.

1

2

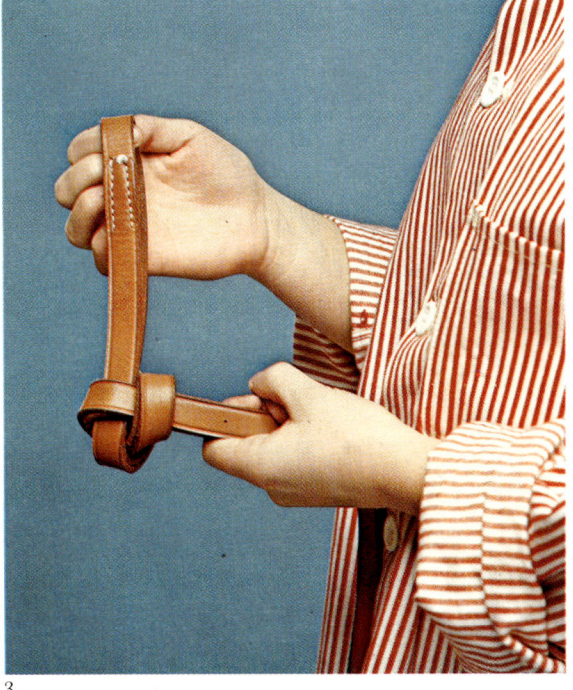

3

51

Das Hochbinden des Schweifes

Es gibt viele verschiedene Möglichkeiten, den Schweif hochzubinden. Hier siehst du eine:

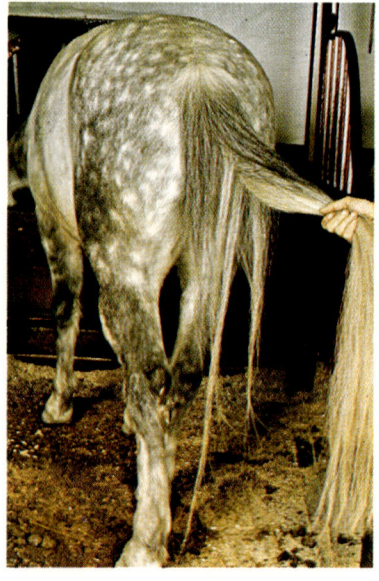

Teile den Schweif in drei Stränge, einen dicken in der Mitte, zwei dünnere an den Seiten. Bürste sie aus. Mache in die äußeren Stränge einen festen Knoten.

Ergreife den mittleren Strang etwa eine Handbreit unter der Schweifrübe und drehe ihn fest bis unten hin. Vorsicht mit der Schweifrübe!

Lege den gedrehten Strang in eine Acht. Nimm den rechten, zusammengebundenen Teil des Schweifes und wickele ihn nach der einen Seite fest um die Acht.

Den linken Strang wickelst du ebenso fest nach der anderen Seite, bis die Acht ganz festsitzt.

Bad

Die meisten Pferde baden gern. Weigert sich dein Pferd beim erstenmal, ins Wasser zu gehen, läßt du ein Pferd vorangehen, das das Baden gewöhnt ist. Dann geht es leichter. Reite ins Wasser hinaus, bis du merkst, daß dein Pferd schwimmt. Dann gleitest du vom Pferderücken und schwimmst neben dem Pferd her. Vorsicht vor den Hufen! Sowie das Pferd wieder festen Boden unter den Hufen hat, gleitest du auf seinen Rücken zurück. ACHTUNG! Gehe nie in fremde Gewässer!

Skijöring

Du brauchst ein Brustgeschirr mit zwei 7 bis 20 Meter langen Seilen. Beginne damit, daß du das Pferd an die Leinen und an die Tatsache, daß es jemanden hinter sich herzieht, gewöhnst. Als Reiter mußt du darauf achten, daß du die Kurven richtig ausreitest, damit der Skifahrer gut folgen kann. Als Skifahrer mußt du darauf achten, daß beide Leinen im-

mer gleich lang sind, sonst rutscht das Geschirr auf die Seite.

VORSICHT! Wickele dir niemals die Leinen um die Hände! Dann kannst du nämlich nicht loslassen, wenn du hinfällst, und wirst mitgeschleift!

Reiterspiele

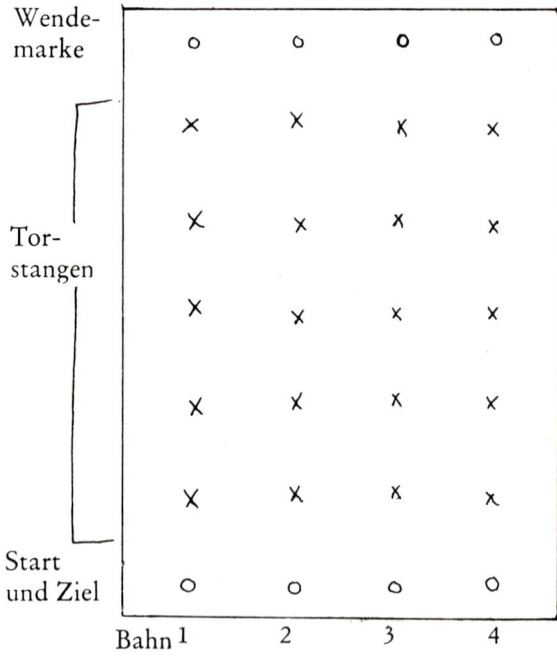

Wende-
marke

Tor-
stangen

Start
und Ziel

Bahn 1   2   3   4

Bahnskizze A

Gerade Bahn mit Torstangen. Als Tore kann
man benutzen: Pfosten, Tonnen, umgedrehte
Eimer usw. Der Abstand zwischen den Toren
richtet sich nach der Geschicklichkeit des Reiters
und der Größe des Pferdes. Je kürzer der Abstand zwischen den Toren, desto schwieriger ist
die Bahn. Probiert es einfach aus.

1. Slalom
2. Gangarten-Slalom
3. Tennis-Slalom
4. Taschentuch-Slalom
5. Briefkasten-Spiel
6. Sattel-Slalom
7. Briefträger-Slalom
8. Polo-Rennen
9. Hindernislauf
10. Bandlauf

Slalom

Das braucht ihr:

5 bis 7 Tore, z. B. Stolperpfähle oder Tonnen, die in gleichmäßigen Abständen zwischen Start und Wendemarke verteilt werden.

So wird es gemacht:

Der erste Reiter der Mannschaft reitet durch die Tore. Er fängt links von dem ersten Tor an. Der Reiter reitet um die Wendemarke herum und zurück, wie er gekommen ist. Im Ziel übergibt er an den nächsten Reiter.

Abwandlungen:

a) Der Reiter reitet mit einem Staffelholz, z. B. einer leeren Haushaltspapierrolle, und übergibt es beim Wechsel an den nächsten Reiter.

b) Zwischen einigen Toren wird ein Hindernis eingebaut.

a) mit Staffelholz

b) mit Hindernis

Gangarten-Slalom

Das braucht ihr: 5 bis 7 Tore, die in gleichmäßigen Abständen zwischen Start und Wendemarke verteilt werden.

So wird es gemacht: Der erste Reiter der Mannschaft reitet im Trab durch die Tore, reitet um die Wendemarke herum und **galoppiert** durch die Tore zurück. Danach Wechsel zum nächsten Reiter.

Einfachere Abwandlung: Hinweg im Schritt, Rückweg im Trab.

Tennis-Slalom

Das braucht ihr: 5 bis 7 Tore, einen Tennisschläger und einen Tennisball.

So wird es gemacht: Der Reiter legt den Ball auf den Tennisschläger. Er reitet damit durch die Tore, um die Wendemarke herum, durch die Tore zurück. Fällt der Ball herunter, muß der Reiter absitzen und den Ball aufheben. Der nächste Reiter beginnt.

Taschentuch-Slalom

Jedes Paar braucht: 5 bis 7 Tore (z. B. Hindernis-Stangen), ein Taschentuch, das um die letzte Stange gebunden wird.

So wird es gemacht: Das Paar reitet Seite an Seite durch die Tore bis zum Taschentuch. Einer der beiden Reiter bindet das Taschentuch los, beide erfassen je einen Zipfel davon und reiten damit zusammen zurück durch die Tore. Das Paar, das zuerst im Ziel ist, gewinnt. Wer das Taschentuch beim Reiten verliert, wird ausgeschlossen.

Abwandlung: Zwischen die Tore ein Hindernis einbauen.

Briefkasten-Spiel

Das braucht ihr: 5 bis 7 Tore, einen Briefumschlag, der mit einer Wäscheklammer an der ersten Stange befestigt wird. Laß die Wäscheklammer an einer Schnur hängen, die an die Stange genagelt oder gebunden wird. Einen Briefkasten, der an der letzten Stange befestigt wird.

So wird es gemacht: Der erste Reiter der Mannschaft reitet bis zur ersten Stange, nimmt den Briefumschlag ab, reitet damit durch die Tore und steckt ihn in den Briefkasten auf der letzten Stange. Dann reitet er um den Kasten herum, durch die Tore zurück zum Start und übergibt an den nächsten Teilnehmer. Zuvor hat einer der Reiter einen neuen Umschlag in die Wäscheklammer geklemmt. Die schnellste Mannschaft gewinnt.

Sattel-Slalom

Das braucht ihr: 5 bis 7 Tore, Pferdesättel. Damit jeder Reiter die gleiche Chance hat, müssen die Sättel möglichst gleich sein.

So wird es gemacht: Das Pferd wird abgesattelt und der Sattel an die Wendemarke gelegt. Der Reiter reitet ohne Sattel durch die Tore bis zum Sattel, sitzt ab und sattelt sein Pferd, wie es sich gehört. Danach reitet er die Strecke wieder zurück. Der Reiter muß beide Füße in den Steigbügeln haben, wenn er durchs Ziel reitet, und der Sattelgurt muß fest zugezogen sein.

Dieses Spiel läßt sich besser als Einzelwettbewerb durchführen.

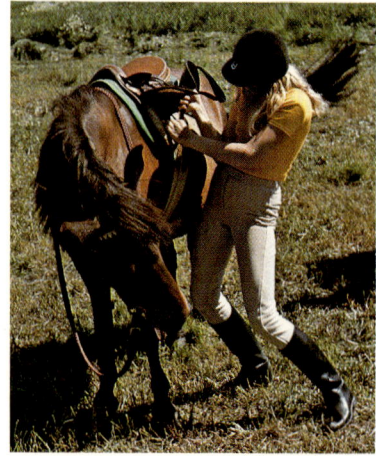

Briefträger-Slalom

Dafür braucht ihr: 5 bis 7 Tore, einen Sack, den der Reiter in der Hand hat, einen Briefumschlag, der an der Wendemarke auf den Boden gelegt wird. (Achtung! Tu etwas Sand in den Umschlag und klebe ihn zu, damit er nicht vom Wind weggeweht wird!)

So wird es gemacht: Der erste Reiter nimmt den Sack, reitet damit durch die Tore bis zum Briefumschlag. Dann sitzt er ab, legt den Umschlag in den Sack, sitzt wieder auf und reitet mit dem Sack den gleichen Weg zurück. Am Ziel übergibt er den Sack dem nächsten Teilnehmer, der damit wiederum durch die Tore zur Wendemarke reitet. Dort sitzt er ab und legt den Umschlag wieder auf seinen alten Platz. Dann reitet er zurück zum Start und übergibt an den nächsten, der das gleiche tut, wie der erste Reiter usw.

Polo-Rennen

Dafür braucht ihr: 5 bis 7 Tore, einen Golfschläger (oder auch Hockeyschläger) und einen kleinen Ball.

So wird es gemacht: Der erste Reiter der Mannschaft schlägt den Ball mit dem Schläger durch die Tore. Er reitet um die Wendemarke herum und schlägt den Ball durch die Tore bis zum Ziel. Der nächste beginnt.

Hindernislauf

Diesen Wettkampf kann man je nach Phantasie und Laune variieren.

Das braucht ihr: Einen Parcours mit 5 bis 6 verschiedenen Hindernissen, z. B.

— fünf umgekehrte Eimer hintereinander (siehe Eimerlauf)
— ein Hindernis zum Überspringen
— einen Autoreifen zum Durchkriechen (siehe Autoreifen-Rennen)
— zwei Hürden oder Tonnen, so nebeneinandergestellt, daß sie einen schmalen Durchgang bilden
— ein gewöhnliches, niedriges Hindernis.

So wird es gemacht:
Der erste Reiter der Mannschaft reitet bis zu den Eimern, sitzt ab und hüpft von Eimer zu Eimer, während er das Pferd am Zügel führt. Dann sitzt er wieder auf und springt über das Hindernis. Jetzt reitet er bis zum Autoreifen und kriecht hindurch. Anschließend sitzt er wieder auf, reitet durch den schmalen Weg zwischen den Tonnen, springt über das letzte Hindernis und kehrt zum Start zurück, wo er an den nächsten übergibt. Wenn der Reiter einen Eimer umwirft oder mit den Füßen auf den Boden kommt, muß er von vorne anfangen. Reißt er ein Hindernis, muß er so oft wiederholen, bis es klappt.

Bandlauf

Das braucht ihr: Drei Hindernisstangen, an die drei Bänder gebunden werden.

So wird es gemacht: Der erste Reiter der Mannschaft reitet bis zur ersten Stange, löst das Band und reitet zur nächsten Stange. Dort löst er das zweite Band und bindet die beiden Bänder zusammen. Daraufhin reitet er zur nächsten Stange, löst auch dort das Band und verknotet es mit den beiden ersten. Jetzt reitet er auf dem schnellsten Wege zurück.

Sieger ist derjenige, der das Ziel als erster mit den zusammengebundenen Bändern erreicht.

Man kann auch einen neuen Durchgang ansetzen und dann die schnellsten Reiter ins Stechen schicken.

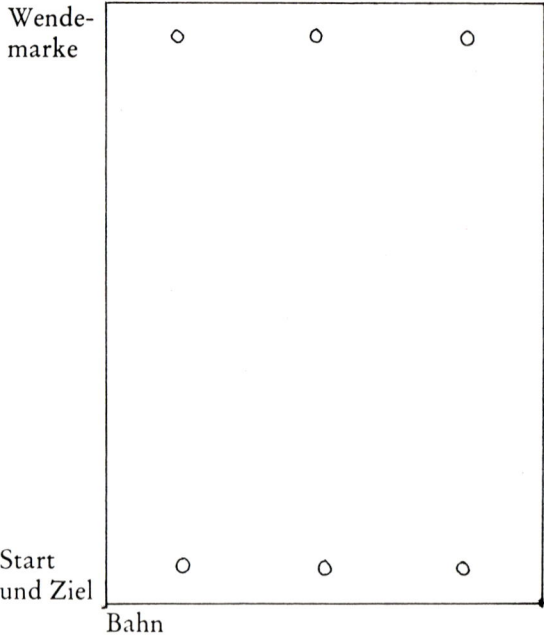

Wende-
marke

Start
und Ziel

Bahn

Bahnskizze B

Eine gerade Strecke ohne Mittellinie. Die Länge
der Strecke wird im Spiel festgelegt. Probiert einfach aus, wie sie am besten ist!

1. Sackhüpfen
2. Wäsche-Staffel
3. Brötchen-Wettessen
4. Im Eimer versteckt
5. Dickmilch-Staffel
6. Apfel angeln
7. Wettessen
8. Kekse essen und pfeifen
9. Löffel-Wettrennen
10. Wasser-Staffel
11. Zeitungs-Wettrennen
12. Ball-Staffel
13. Rettet den Gefangenen! (Paarweise zu spie-
    len)
14. Knopf annähen (Paarweise zu spielen)

Sackhüpfen

Dafür braucht ihr: Einen Sack, den man an der Startmarke auf die Erde legt.

So wird es gemacht: Der erste Reiter jeder Mannschaft steht mit den Zügeln in der Hand auf der Erde, der Sack liegt zu seinen Füßen. Beim Startsignal schlüpft er mit den Beinen in den Sack und springt mit dem Sack die ganze Strecke bis zur Wendemarke. Dabei führt er das Pferd am Zügel. Er hüpft um die Wendemarke herum und zurück zum Ziel. Die Zügel hält man dabei mit einer Hand, aber nicht zu dicht am Pferdemaul. Man muß darauf achten, daß man nicht am Pferdemaul reißt. Beim Wechsel berührt der Reiter den nächsten Mann. Erst dann darf dieser mit dem Sack davonhüpfen. Die Mannschaft, die zuerst fertig ist, gewinnt.

Abwandlung: Man kann, mit dem Sack in der Hand, aufsitzen, zur Wendemarke reiten, absitzen, mit dem Sack zurückhüpfen.

Wäsche-Staffel

Das braucht ihr: Einen Wäschekorb mit Wäsche (ungefähr 4 bis 5 Wäschestücke in jedem Korb) und pro Wäschestück zwei Wäscheklammern, eine aufgezogene Wäscheleine an der Wendemarke.

So wird es gemacht: Der erste Reiter der Mannschaft nimmt den Wäschekorb, reitet zur Wäscheleine und hängt die Wäsche mit zwei Klammern pro Stück auf. Dann reitet er zurück und übergibt den leeren Wäschekorb dem nächsten Reiter. Dieser reitet mit dem Korb zur Wäscheleine, nimmt die Wäsche ab, legt sie in den Korb und reitet zum Start zurück. Der dritte Reiter hängt die Wäsche wieder auf usw.

Abwandlungen: Man kann die Wäsche auch in einen Eimer oder einen Karton stecken. Anstelle der Kleidungsstücke kann man auch Handtücher, Taschentücher oder ähnliches verwenden.

Brötchen-Wettessen

Das braucht ihr: Für jeden Teilnehmer ein Brötchen, wenn man will, auf einem Pappteller. Sie liegen an der Wendemarke auf einem umgedrehten Eimer oder auch nur auf der Erde. Wenn fünf Kinder am Spiel teilnehmen, müssen fünf Brötchen dort für sie bereitliegen.

So wird es gemacht: Der erste Reiter jeder Mannschaft reitet bis zum Brötchen, sitzt ab und ißt das ganze Brötchen auf. Dann sitzt er so schnell wie möglich wieder auf und reitet zum nächsten Teilnehmer zurück.

Im Eimer versteckt

Das braucht ihr: Einen Eimer Kleie an der Wendemarke, in dem verschiedenartige Gegenstände versteckt sind, z. B. eine Schachtel Streichhölzer, eine Kartoffel, ein Tennisball, ein Löffel, ein Hufkratzer usw.

So wird es gemacht: Der erste Reiter der Mannschaft reitet bis zum Eimer und sucht mit der Hand einen der Gegenstände heraus. Wenn er einen gefunden hat, sitzt er auf und reitet zurück. Der nächste Reiter reitet zum Eimer, sucht den nächsten Gegenstand heraus usw.

Abwandlung: Statt Kleie kann man auch Sägespäne oder Mehl verwenden.

Dickmilch-Staffel

Das braucht ihr: Einen Teller Dickmilch, den ihr auf einer Tonne an der Wendemarke bereitstellt (es kann auch auf einem Tisch oder Stuhl sein), pro Spieler ein Stück Würfelzucker, das in der Dickmilch versteckt wird.

So wird es gemacht: Der erste Reiter reitet zur Tonne und sitzt ab. Mit den Händen auf dem Rücken beugt er sich über die Dickmilch, holt sich das Zuckerstück mit den Zähnen heraus und reitet zurück. Bevor der nächste Reiter drankommt, legt man ein neues Stück Zucker in die Dickmilch.

Abwandlung: Statt Dickmilch kann man Kleie, Mehl oder ähnliches verwenden.

Apfel angeln

Das braucht ihr: Einen Eimer Wasser an der Wendemarke. Im Wasser schwimmt ein Apfel.

So wird es gemacht: Der erste Reiter der Mannschaft reitet zum Eimer und sitzt ab. Mit den Händen auf dem Rücken angelt er sich den Apfel mit dem Mund, sitzt wieder auf und reitet zurück. Bevor der nächste Reiter den Eimer erreicht, legt jemand einen neuen Apfel ins Wasser.

Abwandlungen: Am Start und Ziel stellt man für jede Mannschaft einen leeren Eimer auf. Der Reiter muß den Apfel in den Eimer werfen. Wenn er ihn verfehlt, muß er absitzen, den Apfel aufheben und wieder aufsitzen, bevor er den Apfel noch einmal in den Eimer werfen darf.

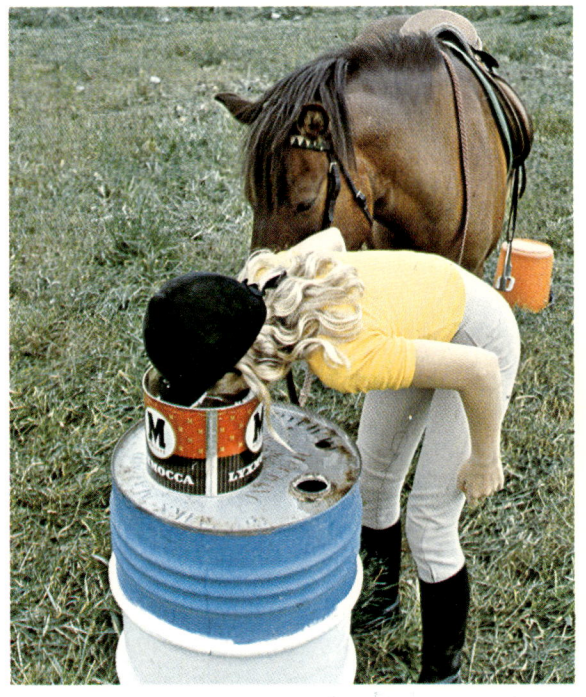

Wettessen

Das braucht ihr: Für jeden Teilnehmer eine Wurst. Alle Würste werden an der Wendemarke an einer Schnur so aufgehängt, daß man sie vom Pferderücken aus mit dem Mund erreichen kann.

Abwandlungen: Statt Würste können auch Äpfel, Mohrrüben, oder ähnliches verwendet werden. Man kann auch einen Eimer an den Start stellen. Dann muß jeder Spieler seinen Apfel mit den Zähnen von der Schnur nehmen, in der Hand behalten und nach dem Rückritt in den Eimer werfen.

So wird es gemacht: Der erste Reiter der Mannschaft reitet zu seiner Wurst, nimmt sie in den Mund, ohne die Hände zu benutzen und ißt sie auf. Erst muß die ganze Wurst aufgegessen sein, bevor er zurückreiten und der nächste Teilnehmer losreiten darf.

Kekse essen und pfeifen

Das braucht ihr: Einen Keks oder ein Plätzchen für jedes Mitglied der Mannschaft. Der Keks liegt auf einem Teller an der Wendemarke.

So wird es gemacht: Der erste Reiter der Mannschaft reitet zum Teller, sitzt ab, ißt den Keks auf und pfeift ein Signal, bevor er wieder aufsitzen darf und zurückreitet.

Das Pfeifsignal muß vom Schiedsrichter oder einem dafür bestimmten Spielleiter anerkannt werden. Der nächste Reiter der Mannschaft reitet vor, ißt seinen Keks usw.

Löffel-Wettrennen

Das braucht ihr: Ein hartgekochtes Ei auf einer Tonne oder einem Tisch an der Wendemarke, einen Löffel.

So wird es gemacht: Der erste Reiter der Mannschaft reitet mit dem leeren Löffel in der Hand zur Tonne vor. Er nimmt das Ei mit dem Löffel, ohne die andere Hand zu Hilfe zu nehmen. Dann reitet er mit dem Ei auf dem Löffel zurück und übergibt beides dem nächsten Reiter. Dieser reitet damit bis zur Wendemarke und zurück und übergibt Löffel und Ei dem nächsten Reiter usw. Wenn der Reiter das Ei verliert, muß er absitzen und es aufheben.

Abwandlungen: Man kann auch Kartoffeln oder Bälle verwenden. Wenn man das Spiel erschweren will, kann man den Löffel in den Mund stecken. Außerdem läßt sich natürlich auch ein niedriges Hindernis einbauen oder Slalom reiten.

Wasser-Staffel

Das braucht ihr: Einen Plastikbecher für jeden Teilnehmer. Der erste Reiter bekommt seinen Becher mit Wasser gefüllt.

So wird es gemacht: Der erste Reiter reitet mit dem gefüllten Becher in der Hand bis zur Wendemarke und umrundet sie. Dann reitet er zurück und übergibt an den nächsten Spieler, indem er das Wasser in dessen Becher gießt.

Diejenige Mannschaft, die zum Schluß am meisten Wasser im Becher übrigbehält, gewinnt.

Abwandlungen: Man kann auch diejenige Mannschaft, die zuerst durchs Ziel geht, gewinnen lassen. Es muß aber noch Wasser im Becher übrig sein. Ist der Becher leer, scheidet die Mannschaft aus.

Zeitungs-Wettrennen

Das braucht ihr: Zwei verschieden große Zeitungen, die an der Wendemarke deponiert werden.

So wird es gemacht: Der erste Reiter jeder Mannschaft reitet bis zur Wendemarke, sitzt ab und stellt auf jede Zeitung einen Fuß. Dann geht er mit den Zeitungen unter den Füßen, etwa wie mit Gleitschuhen, zurück zum Start. Das Pferd führt er dabei am Zügel. Die Füße müssen die ganze Zeit auf den Zeitungen bleiben — sie dürfen die Erde direkt nicht berühren! Am Ziel übergibt er die Zeitungen dem nächsten Spieler, der auf die gleiche Weise damit bis zur Wendemarke geht. Dort läßt er die Zeitungen liegen, sitzt auf und reitet zurück. Der nächste Reiter macht wieder das gleiche wie der erste usw.

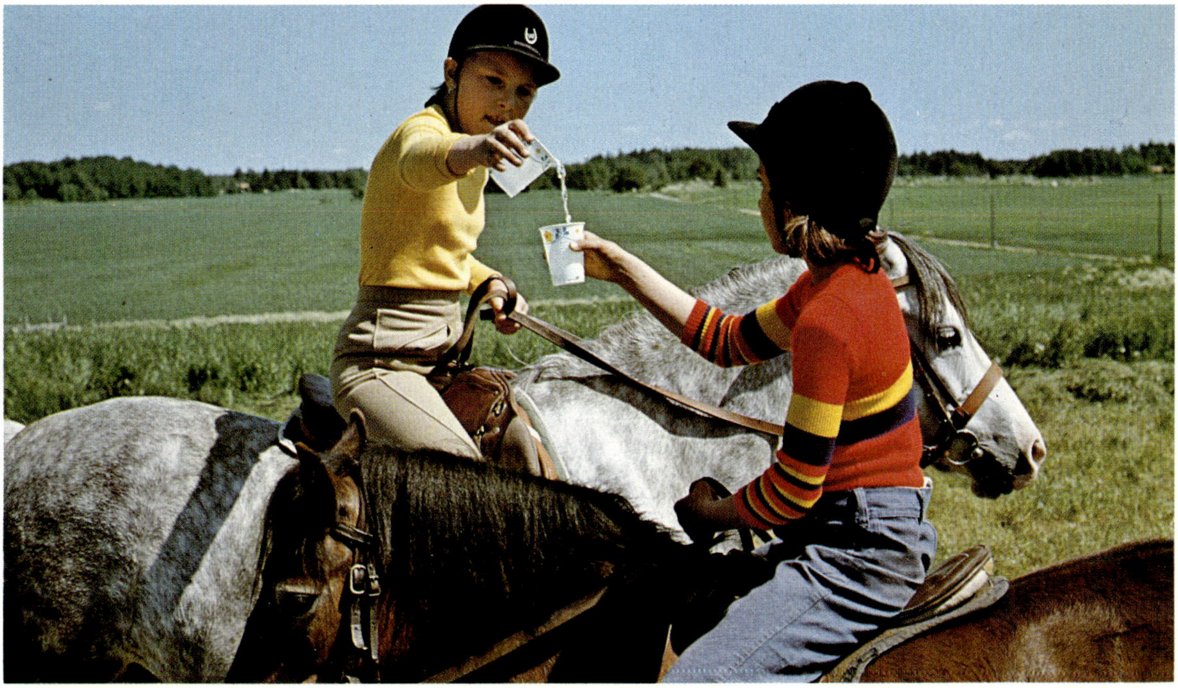

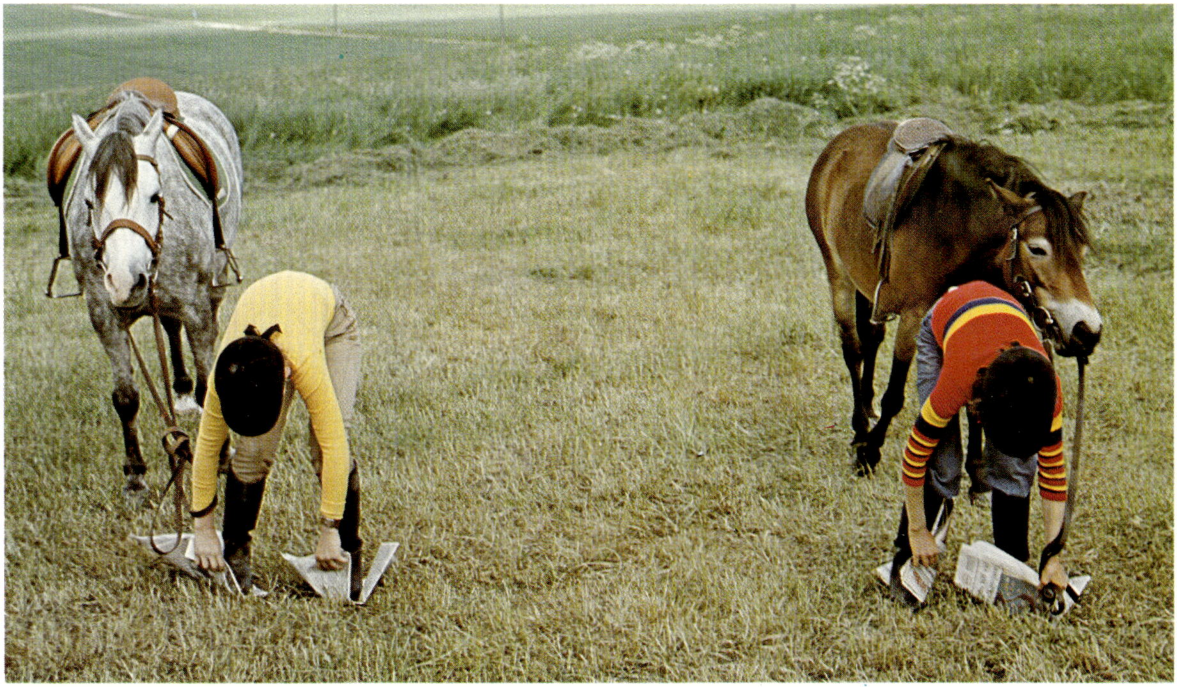

Ball-Staffel

Das braucht ihr: Einen kleinen Ball.

So wird es gemacht: Der erste Reiter reitet mit dem Ball in der Hand bis zur Wendemarke. Dort sitzt er ab, klemmt sich den Ball zwischen die Knie und geht, hüpft oder läuft zurück zum Start. Das Pferd führt er am Zügel. Er übergibt den Ball an den nächsten Reiter, der damit genauso verfährt wie der erste.

Abwandlungen: Natürlich kann man es auch umgekehrt machen: Der Reiter hüpft mit dem Ball zwischen den Knien bis zur Wendemarke und reitet zurück.

Rettet den Gefangenen

(Paarweise zu spielen)

Das braucht ihr: Zwei kurze Seile.

So wird es gemacht: Ein Spieler stellt den Gefangenen dar. Er sitzt an der Wendemarke auf der Erde — an Händen und Füßen gefesselt. Der andere Spieler ist der Retter und reitet vom Start aus zu dem Gefangenen. Er löst ihm die Fesseln und hilft ihm aufs Pferd. Dann führt er das Pferd mit den Geretteten zum Start zurück.

Knopf annähen

(Paarweise zu spielen)

Das braucht ihr: Nadel, Faden, ein Stück Stoff und einen Knopf.

So wird es gemacht: Der erste Spieler steht neben der Wendemarke mit Nadel und Stoff. Der zweite Spieler reitet mit Faden und Knopf zu ihm. Der erste fädelt die Nadel ein und näht den Knopf an den Stoff. Wenn er fertig ist, übergibt er den angenähten Knopf an den Reiter und dieser eilt damit zurück zum Start.

Bahnskizze C

Wende-marke	o	o	o	o
Mittel-linie	x	x	x	x
Start und Ziel	o	o	o	o
Bahn	1	2	3	4

1. Kartoffel-Lauf
2. Hemden-Lauf
3. Autoreifen-Rennen
4. Eimer-Wettrennen
5. Limonaden-Lauf
6. Ball pflücken
7. Hochzeits-Rennen
8. Kleider-Staffel
9. Wasser-Rennen
10. Luftballons treffen
11. Prellball
12. Becher-Lauf
13. Lebensrettungs-Lauf
14. Luftballons holen

Kartoffel-Lauf

Das braucht ihr: Pro Spieler eine Kartoffel. Die Kartoffeln werden an der Wendemarke auf die Erde gelegt. An der Mittellinie wird ein Eimer aufgestellt.

So wird es gemacht: Der erste Reiter der Mannschaft reitet bis zu den Kartoffeln vor und sitzt ab. Er hebt eine Kartoffel auf, sitzt auf, reitet bis zum Eimer und wirft die Kartoffel hinein. Danach übergibt er an den nächsten Spieler, der das gleiche tut. Verfehlt der Reiter den Eimer, muß er absitzen und die Kartoffel hineinlegen.

Hemden-Lauf

Das braucht ihr: Ein großes Herrenhemd, das an der Mittellinie auf die Erde gelegt wird.

So wird es gemacht: Der erste Reiter der Mannschaft reitet bis zum Hemd vor, sitzt ab, zieht sich das Hemd an und sitzt wieder auf. Er reitet um die Wendemarke herum und sitzt auf der Mittellinie wieder ab. Dort zieht er das Hemd wieder aus und legt es auf seinen ursprünglichen Platz zurück. Dann reitet er zurück zum Start und übergibt an den nächsten Spieler, der seinerseits wieder das gleiche tut.

Autoreifen-Rennen

Das braucht ihr: Einen Autoreifen.

So wird es gemacht: Der erste reitet bis zum Reifen, sitzt ab und übergibt die Zügel dem Mitspieler, der den Reifen hält. Der Reiter kriecht durch den Reifen, nimmt die Zügel, sitzt auf, reitet um die Wendemarke herum und kriecht wieder durch den Reifen. Dann der nächste.

Eimer-Wettrennen

Das braucht ihr: 4 bis 5 Eimer, die umgekehrt in einer Reihe auf der Mittellinie aufgestellt werden. Die Eimer müssen im Abstand von einem halben Meter stehen — in der Richtung auf die Wendemarke.

So wird es gemacht: Der erste Reiter der Mannschaft reitet bis zu den Eimern vor, sitzt ab und hüpft von Eimer zu Eimer. Dabei führt er das Pferd am Zügel. Dann sitzt er wieder auf und reitet um die Wendemarke herum. Auf dem Rückweg wiederholt er die ganze Prozedur. Darauf Wechsel an den nächsten Spieler. Wenn ein Eimer umkippt, muß der Reiter ihn wieder hinstellen und beim ersten Eimer wieder anfangen.

Abwandlungen: Schwieriger wird das Spiel, wenn man vom Pferderücken aus direkt auf den ersten Eimer absitzt und vom letzten wieder aufsitzt, ohne den Boden berührt zu haben.

Limonaden-Lauf

Das braucht ihr: Ein Hemd, ein Taschentuch und einen Plastikbecher mit Limonade. (Man kann natürlich auch Saft oder Wasser nehmen, aber Limonade ist schwieriger — wegen der Kohlensäure.) Das Hemd und das Taschentuch werden auf die Mittellinie gelegt. Der Becher mit der Limonade kommt auf eine Tonne oder einen Stuhl auf die Wendemarke.

So wird es gemacht: Der erste Reiter der Mannschaft reitet bis zur Mittellinie, sitzt ab, zieht das Hemd an und bindet sich das Taschentuch wie ein Lätzchen um. Dann läuft der Reiter zu Fuß mit dem Pferd bis zum Becher, trinkt die Limonade aus und reitet zurück zum Start. Wechsel an den nächsten Reiter. Alle Mitglieder der Mannschaft müssen dieselbe Aufgabe erfüllen wie der erste Reiter.

Ball pflücken

Das braucht ihr: Pro Spieler einen Plastikbecher und einen Stock. Die Becher werden auf einen etwa einen Meter langen Stock gespießt. In jeden Becher legt man einen kleinen Ball. Dann werden die Stöcke mit den Bechern zwischen Mittellinie und Wendemarke in eine Reihe gestellt. Am Start steht ein Eimer.

So wird es gemacht: Der erste Reiter der Mannschaft reitet bis zum ersten Becher, nimmt den Ball aus dem Becher und reitet mit dem Ball in der Hand um die Wendemarke herum. Dann reitet er zurück zum Eimer und wirft den Ball in den Eimer. Fällt der Ball neben den Eimer, muß der Reiter absitzen, den Ball aufheben, wieder aufsitzen und vom Pferderücken aus einen neuen Wurf versuchen. Wenn der Ball des ersten Reiters im Eimer gelandet ist, darf der nächste Reiter starten. Es spielt sich das gleiche ab wie beim ersten Reiter usw.

Hochzeits-Rennen

(Paarweise zu spielen)

Das braucht ihr: Einen Gardi-
nenring (als „Ehering"), der auf
einer Tonne oder einem Stuhl an
der Mittellinie deponiert wird,
Papier und Bleistift auf einer
Tonne (Stuhl oder Tisch) an der
Wendemarke. (Lege lieber einen
Stein auf das Papier, damit es
nicht weggeweht wird!)
So wird es gemacht: Beide Reiter reiten bis zum „Ehering".
Der eine sitzt ab, ergreift den
Ring und steckt ihn dem anderen an den Ringfinger. Dann
sitzt er wieder auf, und beide
Reiter reiten zusammen zu dem
Papier an der Wendemarke. Sie
sitzen ab und schreiben ihre Namen auf das Papier. (Wichtig!
Die Namen müssen leserlich ge-
schrieben sein!) Danach wird
wieder aufgesessen und sie keh-
ren zum Start zurück. Je nach
Lust und Laune kann man das
Spiel damit beenden, oder an
ein neues Paar übergeben.

Kleider-Staffel

Das braucht ihr: Koffer oder Kiste voller Kleider. Der Koffer mit den Kleidern wird an der Mittellinie deponiert.

So wird es gemacht: Der erste Reiter der Mannschaft reitet zum Koffer, sitzt ab und zieht die Kleider an. Der Reiter läuft mit dem Pferd am Zügel um die Wendemarke herum, zurück zum Koffer. Dort bleibt er stehen, zieht die Kleider wieder aus, legt sie in den Koffer und schließt den Deckel. Jetzt sitzt er auf und reitet zurück zum Start. Wechsel an den nächsten Reiter, der die gleiche Aufgabe zu erledigen hat.

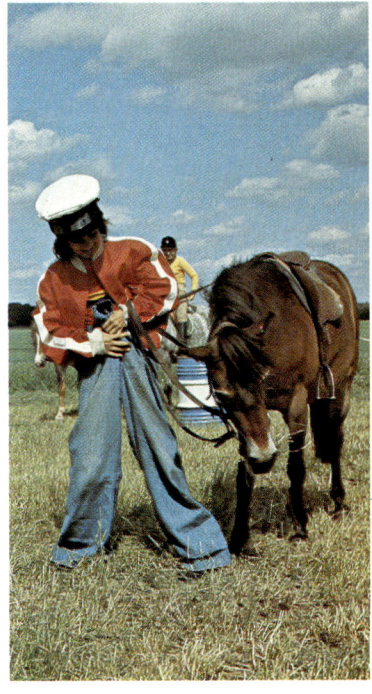

Wasser-Rennen

Das braucht ihr: Eimer voll Wasser, den man auf eine Tonne an der Wendemarke aufstellt. Kleineres Gefäß, das man auf der Mittellinie auf eine Tonne deponiert. Einen Becher.

So wird es gemacht: Der erste Reiter reitet bis zum Wassereimer an der Wendemarke, füllt seinen Becher mit Wasser, reitet zu dem Gefäß und gießt das Wasser hinein. Dann übergibt er den Becher an den nächsten Reiter. Die Mannschaft macht so lange weiter, bis das Gefäß mit Wasser gefüllt ist. Wer zuerst fertig ist, gewinnt.

Luftballons treffen

Das braucht ihr: Ein Bündel Luftballons, zwei Stück für jeden Spieler, und noch einige zusätzlich. Befestige ein Gummiband an jedem Luftballon und ziehe eine Schnur durch. Binde dann die Schnur an einem kurzen Stock fest, den du an der Mittellinie in die Erde gesteckt hast.
Für jede Mannschaft einen etwa einen Meter langen Stock, an dessen einem Ende eine Spitze sitzt.
So wird es gemacht: Der erste Reiter reitet mit dem Stock zu den Luftballons, zersticht einen, reitet um die Wendemarke herum und zersticht auf dem Rückweg noch einen Luftballon. Dann übergibt er den Stock an den nächsten.

Prellball

Das braucht ihr: Einen Ball in passender Größe — er muß sich gut prellen lassen.
So wird es gemacht: Der erste Reiter der Mannschaft reitet mit dem Ball in der Hand bis zur Mittellinie, läßt ihn einmal aufprellen und fängt ihn wieder auf. Dann reitet er weiter bis zur Wendemarke, prellt ihn wieder und reitet zur Mittellinie zurück. Dort prellt er ihn noch einmal und übergibt ihn dann an den nächsten Spieler, der das gleiche tut wie der erste Reiter. Sollte der Reiter den Ball verlieren, muß er erst absitzen und den Ball aufheben, bevor er einen weiteren Versuch machen darf.

Becher-Lauf

Das braucht ihr: Pro Spieler einen Becher, einen Stock, der an der Wendemarke in die Erde gespießt wird. Auf die Mittellinie wird ein Tisch oder eine Tonne gestellt, darauf die Becher.

So wird es gemacht: Der erste Reiter der Mannschaft reitet mit dem Becher in der Hand zum Stock, stülpt ihn über dessen freies Ende, nimmt einen neuen Becher vom Tisch, reitet zurück und übergibt ihn dem nächsten Spieler usw.

Lebensrettungs-Lauf

Das braucht ihr: Ein Hindernis auf der Mittellinie, einen mit Heu oder Stroh gefüllten Sack an der Wendemarke.

So wird es gemacht: Der erste Reiter der Mannschaft geht mit seinem Pferd über das Hindernis und reitet bis zum Sack vor. Dort sitzt er ab, nimmt den Sack hoch und legt ihn dem Pferd über den Rücken. Danach sitzt er wieder auf. Mit dem Sack vor sich geht er dann wieder über das Hindernis und reitet ins Ziel. Er übergibt dem nächsten Spieler den Sack. Dieser springt wiederum mit dem Sack über das Hindernis, reitet bis zur Wendemarke und sitzt ab. Nachdem er den Sack wieder auf seinen ursprünglichen Platz gelegt hat, sitzt er auf, springt über das Hindernis und reitet durch das Ziel. Dann übergibt er an den nächsten Reiter, der wieder die gleiche Aufgabe zu erfüllen hat wie der erste usw.

Luftballons holen

Das braucht ihr: Zwei Bündel Luftballons, eines an der Wendemarke und eines an der Mittellinie, an einem Pfahl festgebunden. Binde eine Schnur um den Pfahl und daran befestige wiederum die Luftballons einzeln an Bindfäden. Die Knoten müssen leicht zu lösen sein.

So wird es gemacht: Der erste Reiter jeder Mannschaft reitet bis zur Mittellinie und nimmt einen Luftballon ab. Er nimmt ihn mit, reitet zur Wendemarke, nimmt auch dort einen Ballon ab und reitet mit zwei Luftballons durchs Ziel. Der nächste Spieler tut das gleiche wie der erste Reiter.

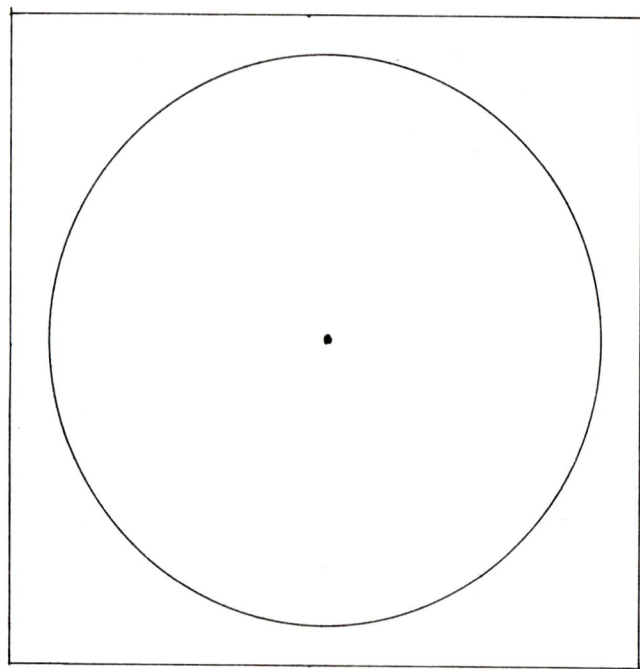

Bahnskizze D

Eine runde Bahn. Zeichne einen Kreis mit Sägespänen, Kreide, Mehl oder etwas Ähnlichem. Die Größe des Kreises richtet sich nach der Anzahl der Mitwirkenden. Man rechnet etwa 30 bis 50 Meter im Durchmesser.

1. Gruß-Spiel
2. Handtücher stehlen
3. Hüte stehlen
4. Wer ist am schnellsten?
5. Luftballons stechen

Gruß-Spiel

So wird es gemacht: Die Reiter stellen sich — mit der Hinterhand des Pferdes zur Mitte hin — im Kreis auf. Es muß genügend Abstand zwischen den Pferden bleiben. Ein Reiter sitzt zu Pferde außerhalb des Kreises. Er reitet zu einem der Reiter im Kreis, reicht ihm die Hand und sagt „Guten Tag". Sie schütteln sich die Hände und der erste Reiter fragt: „Reitest du schneller als ich?" Auf die Antwort „Ja" reiten sie beide in entgegengesetzter Richtung um den Kreis herum. Wenn sie sich treffen, halten sie sich beide rechts. Wer den freigewordenen Platz als erster erreicht, stellt sich dort auf, und der andere Reiter muß das Spiel nun weiterführen. Es wiederholt sich das gleiche Frage- und Antwortspiel wie vorhin.

Handtücher stehlen

Das braucht ihr: Pro Spieler ein Handtuch.

So wird es gemacht: Es spielen zwei Mannschaften gegeneinander (4 bis 5 Reiter pro Mannschaft). Die Reiter stellen sich innerhalb des Kreises auf. Dabei klemmt sich jeder ein Handtuch unter den linken Arm. Auf ein Zeichen versucht jeder Reiter der einen Mannschaft den Reitern der gegnerischen Mannschaft möglichst viele Handtücher zu entreißen.

Es gewinnt die Mannschaft, die innerhalb der vereinbarten Zeit (etwa eine Minute) die meisten Handtücher erbeutet. Wenn man mehr als zwei Mannschaften hat, kann man die Siegermannschaften gegeneinander antreten lassen, bis der endgültige Sieger feststeht.

Hüte stehlen

Das braucht ihr: Pro Teilnehmer einen großen Hut. Die Hüte müssen so groß sein, daß man sie über die Reitkappe ziehen kann.

So wird es gemacht: Es spielen wieder zwei Mannschaften gegeneinander. Pro Mannschaft rechnet man 4 bis 5 Reiter. Die Reiter stellen sich mit den Hüten auf den Köpfen innerhalb des Kreises auf. Auf ein Zeichen versuchen die Reiter, der jeweils gegnerischen Mannschaft möglichst viele Hüte zu entreißen. Sieger ist die Mannschaft, die innerhalb der vereinbarten Zeit (etwa eine Minute) die meisten Hüte erbeutet hat.

Wer ist am schnellsten?

Das braucht ihr: Musik. Natürlich ist es am lustigsten, wenn man „lebendige Musik" hat. Vielleicht spielt einer von euch ein Instrument? Sonst kann man das Spiel natürlich auch mit Konservenmusik, also Radio, Tonband oder Plattenspieler, spielen. Wenn sich keine Musik auftreiben läßt, kann man sich mit einer Trillerpfeife behelfen.

So wird es gemacht: Die Reiter reiten um den Kreis herum, solange die Musik spielt. Wenn die Musik aufhört, sitzen die Reiter mit Blickrichtung zur Kreismitte ab. Sie laufen am Kopf ihres Pferdes vorbei und sitzen von der anderen Seite wieder auf. Der letzte scheidet aus. Das Spiel wird so lange gespielt, bis nur noch ein Reiter übrigbleibt.

90

Luftballons stechen

Das braucht ihr: Pro Spieler einen Luftballon. Die Ballons werden aufgeblasen und mit einer Schnur an der Taille des Reiters festgebunden.

So wird es gemacht: Es spielen zwei Mannschaften gegeneinander (4 bis 5 Reiter pro Mannschaft). Die Reiter stellen sich mit ihren Ballons innerhalb des Kreises auf. Auf ein Zeichen versucht jede Mannschaft, möglichst viele Ballons der Gegenseite zu zerstechen. Sieger ist die Mannschaft, die innerhalb der vereinbarten Zeit (etwa eine Minute) die meisten gegnerischen Ballons erledigt hat. Wenn mehr als zwei Mannschaften gegeneinander spielen, kann man die Siegermannschaften so lange gegeneinander antreten lassen, bis der endgültige Sieger feststeht.

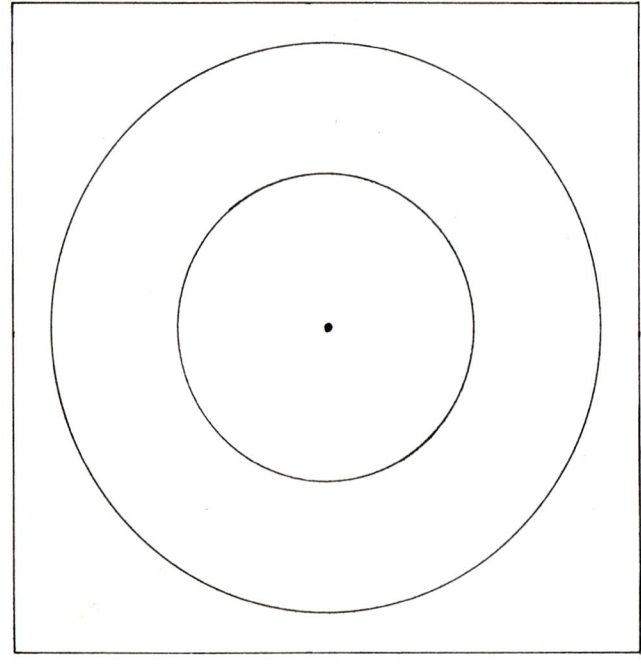

Bahnskizze E

Ein großer Kreis, in den ein kleinerer eingezeichnet ist. Beide Kreise werden mit Sägespänen, Kreide oder ähnlichem Streumaterial markiert. Die Größe des Kreises richtet sich nach der Anzahl der Spieler.

1. Kartoffeln sammeln
2. Einkaufsrunde
Mit Musik:
3. Pack die Stange
4. Pferdetausch-Spiel
5. Sturm auf dem Meer
6. Ein Hut zuviel

Kartoffeln sammeln

Das braucht ihr: Eine Menge Kartoffeln, die in der Mitte des inneren Kreises deponiert werden und einen Eimer, der an der Peripherie des äußeren Kreises aufgestellt wird.

So wird es gemacht: Der erste Reiter startet vom Eimer aus und reitet zu den Kartoffeln in der Mitte. Er sitzt ab und nimmt sich eine Kartoffel. Dann sitzt er auf und reitet zurück zum Eimer. Er wirft die Kartoffel vom Pferderücken aus in den Eimer, reitet zurück und holt sich eine neue Kartoffel — und weiter so, bis die Kartoffeln in der Mitte alle sind. Derjenige, der die meisten Kartoffeln in seinem Eimer gesammelt hat, ist der Sieger. Wenn der Reiter den Eimer umwirft, muß er absitzen und alle Kartoffeln wieder einsammeln, bevor er weitermachen darf.

Abwandlungen: Man kann auch andere Gegenstände als Kartoffeln verwenden.

Einkaufsrunde

Das braucht jeder Spieler: Eine Tasche oder Tüte mit verschiedenartigen Gegenständen als Inhalt, z. B. Striegel, Schwamm, Hufkratzer, Plastikbecher oder Obst. Alle Gegenstände werden auf verschiedene Haufen verteilt, die in den inneren Kreis gelegt werden: Also Striegel für sich, Schwämme für sich usw.

So wird es gemacht: Alle Teilnehmer starten vom äußeren Kreis aus und haben die Tasche in der Hand. Auf ein Zeichen reiten alle in den inneren Kreis hinein und sitzen ab. Sie nehmen von jedem Haufen einen Gegenstand, legen ihn in ihre Tasche und sitzen wieder auf. Der erste Reiter, der mit der Tasche und allen verlangten Gegenständen am Startplatz eintrifft, ist der Sieger.

Pack die Stange

Das braucht ihr: Musik, Hindernisstangen (eine weniger als Anzahl der Spieler). Die Stangen um den inneren Kreis herum aufstellen.

So wird es gemacht: Die Reiter reiten um den großen Kreis herum, solange die Musik spielt. Wenn die Musik aussetzt, reiten sie nach innen und versuchen eine der Stangen zu packen. Wer keine Stange mehr erwischt, scheidet aus. Vor der nächsten Runde nimmt man eine Stange weg, damit immer eine zuwenig da ist. Der Reiter, der die letzte Stange gepackt hat, ist Sieger.

Sturm auf dem Meer

Das braucht ihr: Musik, einen Stuhl weniger, als Mitwirkende bei dem Spiel. Die Stühle werden im inneren Kreis, Lehne nach innen, aufgestellt.

So wird es gemacht: Die Reiter reiten alle um den großen Kreis herum, solange die Musik spielt. Wenn die Musik aufhört, sitzen sie sofort ab und versuchen, sich auf einen der Stühle zu setzen. Wer keinen Stuhl mehr erwischt, scheidet aus. Vor der nächsten Runde nimmt man einen Stuhl weg, damit immer einer zuwenig ist. Das Spiel geht so lange, bis der letzte Spieler auf dem letzten Stuhl sitzt. Er ist der Sieger.

Ein Hut zuviel

Das braucht ihr: Hindernisstangen (eine weniger, als Anzahl der Spieler). Die Stangen werden um den inneren Kreis herum aufgestellt. Jeder Reiter hat einen Hut über seine Reitkappe gestülpt.

So wird es gemacht: Die Reiter reiten im großen Kreis, solange die Musik spielt. Wenn die Musik aufhört, nehmen die Reiter ihre Hüte ab und hängen sie über die Stangen. Wer keine Stange mehr erwischt, scheidet aus. Vor der nächsten Runde nimmt man eine Stange weg, damit immer eine zuwenig ist.

Pferdetausch-Spiel

(Paarweise zu spielen)

Dafür braucht ihr: Musik.

So wird es gemacht: Die eine Hälfte der Spieler sitzt zu Pferde auf dem äußeren Kreis. Jeder Reiter hat einen Partner, der ohne Pferd im inneren Kreis wartet. Die Reiter reiten zur Musik um den äußeren Kreis herum. Wenn die Musik aufhört, sitzen sie ab und ihre Partner laufen schnell zu den Pferden und sitzen auf. Das Paar, das zuletzt getauscht hat, muß ausscheiden. Jetzt reiten die Tauschpartner um den Kreis herum, während sich die anderen im inneren Kreis aufstellen.

Titel der schwedischen Originalausgabe:
HA ROLIGT MED DIN HÄST
© 1978 Rolf Lengstrand, Pierre L. Rolén
erschienen bei B. Wahlströms Bokförlag, Stockholm
Übersetzung: Astrid Walter
Beratung: Ella Winblad von Walter, Petrus Kastenman
Fotos: Stefan Uppström, Foto-Eilert
Bestellnummer: 7892
Deutsche Ausgabe: © 1978 Franz Schneider Verlag
München — Wien
ISBN 3 505 07892 1